así
vivieron
los
MAYAS

POR LA SUPERACIÓN DEL SER HUMANO Y SUS INSTITUCIONES

así vivieron los MAYAS

Demetrio Sodi M.

con la colaboración de
Adela Fernández

PANORAMA EDITORIAL, S.A.

ASI VIVIERON LOS MAYAS

Dibujos:
José Narro

Primera edición: 1983
Catorceava reimpresión: 1998
© Panorama Editorial, S.A. de C.V.
    Manuel Ma. Contreras 45-B,
    Col. San Rafael 06470 - México, D.F.

Tels.: 535-93-48 • 592-20-19
Fax: 535-92-02 • 535-12-17
e-mail: panorama@iserve.net.mx

Printed in Mexico
Impreso en México
ISBN 968-38-0100-5

Indice

Presentación

Mirar hacia el pasado con estremecimiento y profunda nostalgia es una actitud paradójica del hombre del siglo XX, quien dedica su esfuerzo hacia el futuro no sólo para relacionarse con él sino para generarse en él: el hombre contemporáneo, profusamente occidentalizado y crédulo en el avance de la ciencia, procura ganarse la eternidad. En ello estriba la dualidad en su búsqueda, su alianza con el futuro y su profundo arraigo a los orígenes.

El retorno al pasado no sólo deviene por la avidez de cultura y el placer por la acumulación de conocimientos heredados por el tiempo, sino porque el hombre quiere hacer del tiempo un enclave para fijarse en el absoluto: "Soy todo lo que ha sido y será".

Este sentimiento por la permanencia y la inmensidad, en cuanto más urgamos en el pasado y más imaginamos el futuro, nos lleva a una embriaguez del todo. Y no hay tal embriaguez de totalidad, de conjunto infinito, sin el contacto intelectual y emocional con los mundos pretéritos. De ahí la fascinación por la historia y por las zonas arqueológicas que nos remiten a culturas que se han perdido o modificado al correr de los siglos.

Penetrar en el universo maya es justamente incursionar en la angustia sublimizada de un pueblo obsesionado por el tiempo. No es incomprensible entonces que la zona maya cautive con tal intensidad a quienes la estudian y visitan, ya que en ella, todos sus misterios contenidos no son otros que los inherentes al tiempo mismo. La piedra, domada por el hombre en estelas y templos, es voz viva que cuenta y canta toda la evolución y forma de un pensamiento: la concepción maya del universo, siempre intrincada con los valores de lo efímero y de lo eterno.

El tránsito de los mayas es uno de los más ricos en manifestaciones intelectuales. Ciencia y arte se conjugan como fórmulas de explicación de la existencia humana, de la vida y de la muerte. Al igual que en muchas culturas antiguas, encontramos en la maya que el hombre es un ser animado en una especie de planisferio, un ser originario de la tierra que aspira al cielo y que vive exhortado a resolverse en la dialéctica establecida entre lo divino y lo humano.

En este libro se pretende ahondar en el subtexto histórico que distintos científicos han aportado mediante sus investigaciones, pero enfatizando aquí el transcurrir de la vida maya en base a sus normas, costumbres y creencias. Lo cotidiano como reflejo de su más profundo pensamiento filosófico.

Para tal propósito el género de la novela, incluso el del relato, propicia un gran marco de posibilidades para referir con plenitud el aspecto humano de cualquier cultura. En este caso la palabra adquiere una mayor responsabilidad ya que en base a los conocimientos científicos desarrolla, con licencias literarias, una proyección estética.

Aquí se narra la vida de una familia ubicada en un tiempo específico (Periodo Post-clásico) y en un determinado espacio (península de Yucatán). Ello dificulta seguir cronológicamente en su totalidad el rol histórico de los mayas. No obstante, dado el pensamiento mágico de esta cultura y su gran sentido del registro de los acontecimientos, ha sido posible el manejo de la temporalidad con referencias al pasado, presente y futuro.

Nuestros personajes se vinculan con el pasado mediante el estudio de estelas y murales y enseñanzas sobre historia a través de ejercicios de mnemotecnia que los ancianos solían impartir a los jóvenes con el fin de preservar los textos antiguos. Todo ello se refuerza con evocaciones originadas por el permanente culto a los antepasados.

La previsión del futuro gracias a la observación de los ciclos cósmicos y los consecuentes hechos que se repiten (ejemplo de ello son las tablas de los eclipses) y la mágica visión premonitoria de los agoreros, la lectura de las aguas en los cenotes sagrados y de los oráculos, permiten la antelación de sucesos que devienen desde el desquebrajamiento de la Confederación de Mayapán y la hegemonía consecuente, hasta la llegada de los españoles.

La religión, las ciencias, las artes, así como la organización social, económica y política, se van revelando a través de los capítulos de manera que en dentalles correspondan al acontecer de la vida de la familia que describimos.

Al final del libro se encuentra un útil glosario de voces mayas.

1

El alumbramiento

Ix Cuzam Chi estaba a punto de dar a luz su primer hijo, cuando Ah Tzab Kumun, su esposo, noble servidor de los sacerdotes, salió para pedir la ayuda necesaria. Todos sabían la proximidad de tal acontecimiento, así que la partera y sus ayudantes se dispusieron pronto y no tardaron en estar presentes.

Las mujeres, apenas entran a la casa, tienden en el suelo la manta blanca, colocan las yerbas medicinales, prenden los anafres y queman *pom,* resinas aromáticas.

Mientras la madre ejerce todo su valor y fuerzas para impulsar al mundo su fruto de carne y sueños, Ah Tzab Kumun ha salido a contemplar la bóveda celeste. Perturbado por el milagro de la vida, piensa temeroso en la clase de destino que las divinidades darán a su hijo.

Adentro, las mujeres se afanan por conseguir el ser nuevo. La partera ha colocado en las cuatro esquinas de la habitación las imágenes de Ixchel, protectora de los partos, diosa del nacimiento. Soba el cuerpo de la parturienta al mismo tiempo que pronuncia oraciones y cantos propiciatorios. Invoca al sol, al mar, al jaguar y a la serpiente para que le den fuerzas al aún nonato. Presiona con sus manos el vientre materno para transmitirle al niño todo lo que la vida acá afuera representa y no sufra un mal impacto al nacer. Le habla del viento, de la luz, del espacio donde él mismo tendrá que abrirse caminos. Le habla del dolor y de la alegría, del trabajo, del esmero, de la tolerancia, y sobre todo de su compromiso con los dioses.

Le dice que ser hombre es cosa difícil, porque se nace no para sembrar confusiones sino para aclarar misterios; no para competir con los dioses, sino para honrarlos, no sólo para disfrutar de la belleza y de las cosas naturales, sino también para crear una propia belleza, para edificar un mundo humano en la naturaleza. Nacer es algo doloroso pero lo compensa la vida misma.

"Anda, a nacer —le dice—. ¡Es hora de tu luz y aire! ¡Es tu hora de posarte en la tierra! ¡Es tu hora de venir a asombrarte, porque ya verás cómo la vida asombra! No temas, los dioses reconfortan y los hombres superiores guían. ¡Anda, a nacer, que es tu hora de venir a la tierra!".

Y como atraído por la fascinación de esas palabras, aparece el niño en el umbral materno, y tras un esfuerzo mayor de la madre, el pequeño cuerpo se arroja a la vida. Su llanto llena de emoción a Cuzam que sudorosa y agotada voltea sus ojos para mirarlo. Las mujeres continúan con la tarea de limpieza y de inmediato inician un canto. Remueven las cenizas del fogón, cavan ahí y entierran la placenta a fin de que la criatura esté protegida por el dios Viejo del Fuego.

*"Conmovido toma su caracol
y lo sopla con una fuerza nunca antes
experimentada..."*

Poco tiempo después le informan a Ah Tzab Kumun que es padre de un varón. Conmovido toma su caracol y lo sopla con una fuerza nunca antes experimentada. El sonido prolongado se extiende en los aires comunicando a los dioses la dicha y la gratitud de los seres humanos que se reproducen, que con su propia sangre hacen nacer rostros nuevos. *Hu,* la Luna, brilla en la profunda altura de los trece cielos. Es la misma diosa Ixchel que momentos antes protegió las labores del parto. Ahí, lucen también otros dioses del firmamento como *Xaman Ek,* deidad protectora de los viajeros y mercaderes (la estrella polar) y *Noh Ek,* el planeta Venus. Pronto se ocultarán, cuando *Kin,* el Sol, después de haber luchado contra las tinieblas y deidades oscuras, emerja del Inframundo.

2
Predestinación

Necesaria, como en todos los nacimientos, es la ceremonia precedida por un alto dignatario del sacerdocio para esclarecer los designios de los dioses sobre el recién nacido. A cumplir un destino se viene a la tierra, a ocupar un tiempo limitado, a realizar una obra precisa. El hombre es su propio instrumento, pero este instrumento está animado por los deseos de los dioses. Ellos lo orientan, ellos lo destinan, y su forma, su voz, su fuerza, deben disponerse hacia lo indicado por ellos.

Muchas son las tareas que los hombres vienen a realizar en la tierra, pero cada quien se afana en una sola a fin de que el múltiple esfuerzo sea armónico. Cuando los distintos deberes son cumplidos, nada falta a los dioses ni a los hombres. El universo entero está sustentado.

Ah Tzab y Cuzam entregan sus ofrendas al sacerdote. Ella sostiene al niño entre sus brazos, mientras el anciano agorero mira profundamente en los ojos del pequeño como si se asomara a dos pozos llenos de imágenes. Luego sonríe con tal complacencia que motiva cierto regocijo en los padres. Da una señal y el músico comienza a percutir el *tunkul*. Todos hacen reverencias hacia los cuatro puntos cardinales para saludar a los dioses de los distintos rumbos del universo. El anciano pronuncia sus oraciones ante la actitud silenciosa, de plena devoción, de los ahí presentes. Luego se sienta frente a sus libros y consulta con gran cuidado la fecha del *Tzolkin*, calendario ritual, que corresponde a la fecha de nacimiento del *Haab*, calendario solar. Retira su mirada de las páginas inscritas y murmura la fecha de nacimiento: 1 *Ahuau* 8 *Cumhú*. Y luego le da al niño su primer nombre: *Keh* (venado). A este nombre totémico posteriormente se le agregarán otros, porque el nombre es algo que crece y se transforma con el tiempo, con la edad y la profesión.

Cada ser humano tiene un otro *yo*, un espíritu animal que le vive adentro y que le aporta sus características zoológicas. Así, poseyendo esa otra fuerza que lo complementa, puede cumplir mejor con su destino. El venado, por ser un animal sagrado, resulta un buen espíritu protector para el pequeño. Tendrá buen mediador con los dioses, y muchos serán los días en cada año en que los poderes creativos sean brillantes, sobre todo en la época en que esta especie se reproduce (de abril a junio).

El sacerdote pasa el incensario sobre el cuerpo del niño haciendo signos con el humo e impregnándolo con el aroma. Advierte a los padres cuáles serán sus días aciagos y las cosas nefastas que lo acecharán. Los entera de cómo liberarlo de las fuerzas malas y cómo atraer el bien para él. Les augura las buenas épocas y los instruye para que sepan conservar e incrementar el favor de los dioses. Les entrega una hoja de amate, plumas y tierras colorantes. Ello significa que su hijo está destinado a pintar los códices, labor muy preciada porque de ella depende registrar la historia y todo el conocimiento.

Ah Tzab Kumun, en cierta forma también es un privilegiado, porque al prestar sus servicios en los preparativos de las grandes ceremonias, está cerca de los altos dignatarios y de los dioses, pero le está vedado inmiscuirse en los libros sagrados. En cambio ahora, su hijo Keh tendrá acceso a los más profundos conocimientos. Estará cerca de los sabios escuchando sus ideas para luego transcribirlas en los códices. Lo enseñarán a comprender las cosas, porque no basta tener habilidad para la pintura, sino que es necesaria la facultad del entendimiento. Por todo esto, mucho es el regocijo de sus padres. Los implementos que les ha dado el sacerdote deberán también ser enterrados bajo el fogón del hogar para afianzar y proteger la actividad asignada a su hijo. La ceremonia concluye, nuevamente, con las reverencias hacia los 4 puntos cardinales.

3

El sentido de belleza

"La belleza es un deber —dicen los ancianos— porque hay que ser grato a los ojos que nos contemplan". Y por esta razón, mucho se trabaja en la propia imagen. Pulcritud, cuidado en el atuendo y ciertos rasgos de gracia y delicadeza contribuyen a ese pulimento de la apariencia.

Cuando Keh alcanza apenas cuatro días de nacido, su madre, que lo tiene desnudo sobre un pequeño lecho de carrizo, le presiona el cráneo con una tablilla en el colodrilo y otra en la frente, fuertemente atadas para allanar su cabeza y moldearla a la manera de la noble usanza. Como sus huesos aún son blandos, a los pocos días se ha logrado ya el achatamiento de la frente y del cráneo. Tal deformación les da una apariencia de dignidad, de gallardía. Ya no es la frente tajante contra la que *Ik*, el dios del Viento, puede chocar como contra un muro, sino que es una frente suave, de línea inclinada por la que le será posible deslizarse sin obstáculo y la cual parece aceptar plenamente los baños de sol.

En sus cánones estéticos el estrabismo es tenido como galano, y sobre las cunas de algunos niños, las madres cuelgan un hilo del que pende una cuenta brillante a cercana altura de los ojos, de manera que al verla y seguir su vaivén provoca tal desviación ocular.

Hombres y mujeres decoran sus dientes con incrustaciones de jade y obsidiana, y en ocasiones ellas se los liman en forma de sierra. Ambos practican la perforación de los lóbulos de las orejas para el uso de aretes. Propio de los guerreros es el agujerearse el labio inferior y la ternilla nasal para poder lucir bezotes y narigueras.

La pintura corporal no sólo tiene una función decorativa sino también mágica. Los colores representan fuerzas y vibraciones. Al aplicarlos al cuerpo, éste se tiñe con ciertas potencias, y a ello se debe que la practiquen con motivos especialmente religiosos o guerreros. Las tierras colorantes se aplican con resinas. Los jóvenes se pintan de negro. El azul es empleado para los ritos sacrificiatorios y en otras ceremonias de gran importancia y es propio de los sacerdotes. Los guerreros se pintan el cuerpo de rojo y negro, colores que se consideran en pugna, contrarios y dialécticos, también relacionados con la sabiduría; suelen emplearlos durante los ayunos y penitencias. Las mujeres jamás se colorean el rostro, pero sí los senos, espaldas y brazos y añaden a la mezcla un poco de *itz-tahté*, resina muy olorosa que las hace agradables y atractivas.

Más importante que la pintura corporal es el tatuaje, aunque practicado en menor escala pues se exige para ello razones de linaje, alta jerarquía, hazaña u otro motivo de peso, ya que la función de éste es la de acentuar la identidad. Graban así en la piel los em-

"Para alcanzar una apariencia de mayor gallardía, se utiliza el tocado, exclusivo de los personajes importantes..."

blemas de las ciudades cuando un matrimonio importante se efectúa entre personas de lugares distintos, o bien el nombre, o signos que simbolizan algún hecho, o animales totémicos y protectores como lo son el jaguar, la serpiente o las aves preciosas.

Ponen mucho empeño en el peinado y cuidan con gran preocupación de su cabello pues consideran que en él se acumula la fuerza de la vida. Lo relacionan con todo lo ondulante como los espíritus de los vientos y de los ríos y con la sinuosidad misteriosa de las serpientes.

Siempre limpio y lustrado con aceites benéficos, las mujeres dividen su cabello en dos partes, formando una especie de serpientes enrolladas que les cubre parte de las orejas. A veces varían el peinado haciendo un solo enroscado o cuatro cuernos como suelen usar las doncellas. En cambio los hombres se cortan o queman el pelo de la coronilla, dejando sobre la frente un fleco que atan con una cinta para mantenerlo erguido, mientras que el resto cae por la espalda o bien lo enredan alrededor de su cabeza dejando una coletilla. Tal vez por querer imitar las crestas de las aves que las hace donosas, siempre se trata de utilizar el cabello como un medio para aumentar la donosura.

Para alcanzar una apariencia de mayor gallardía, se utiliza el tocado, exclusivo de los personajes importantes, sacerdotes o señores principales, ya que a través de este ornamento se identifica el rango. Debido a las distintas jerarquías los diseños son muy variados. En base a un armazón de mimbre, recubierto de piel de jaguar, serpiente o venado, se hacen espectaculares penachos. Las brillantes plumas pueden estar colocadas en forma de cresta rígida, o bien como resplandor, o como una cascada que se curva hacia la espalda.

El atavío de los señores principales es en realidad asombroso. Suelen adornarse con collares, brazaletes, orejeras, narigueras, ajorcas y rodilleras, utilizando materiales valiosos como el jade y las plumas preciosas, obsidiana, conchas, dientes y garras de jaguar. La gente del pueblo se decora en forma más sencilla con anillos, aretes, narigueras y bezotes hechos de hueso, madera y otros materiales de poco valor.

Las prendas de vestir son sencillas, elegantes y sobre todo muy cómodas. Los hombres usan el *ex*, una especie de braga vistosamente bordada si es de dignatarios. Ellos usan una chaqueta sin mangas, de brillantes colores, ornamentada con tejidos y plumería a la que llaman *xicul*. También portan el *suyen*, manto cuadrado que se pasa bajo el brazo derecho y se anuda sobre el hombro izquierdo. Las mujeres llevan un batón cuadrado debajo del cual asoma el *pic*, la enagua. Las sandalias conocidas con el nombre de *xanab* son de cuero de venado o de fibras de agave; éstas también se ornamentan según las diferencias de clases sociales.

Durante los primeros años, los niños suelen andar desnudos. A las mujercitas se les pone una concha roja sujeta a un cordón que pende de la cintura y que les cubre el sexo simbolizando su virginidad.

Los varoncitos llevan en la coronilla una pequeña cuenta blanca sujeta a los cabellos.

4

La ceremonia del hetzmek

Cuzam está muy alegre porque Keh cumple cuatro meses de nacido y ello significa festejar la ceremonia del *hetzmek,* la cual consiste en cargarlo por vez primera a horcajadas sobre la cadera. Después de disfrutar un buen baño ella se engalana para el festejo. El
patio huele a tierra mojada y junto al fogón del hogar hay muchas
tortillas y viandas que preparó durante la madrugada. Cuzam se ha
quedado contemplando el fogón y piensa que si hubiera tenido una
niña, la ceremonia se hubiera llevado a cabo un mes antes de acuerdo con la costumbre. Tratándose de una niña se le festeja a los tres
meses de nacida, tiempo que se relaciona con las tres piedras del
fogón del hogar, símbolo de las tareas femeninas. A diferencia, en

los varones, los cuatro meses simbolizan las esquinas del terreno de siembra que se relacionan con las labores masculinas.

Ah Otz fue elegido padrino, ya que durante muchos años les ha manifestado un gran afecto. Es importante elegir bien al padrino porque en mucho contribuye en la educación del pequeño. Ah Otz es mercader, y por su inteligencia y conducta respetable, funge además como embajador llevando importantes mensajes de una ciudad a otra. Ah Tzab pensó en él tomando en cuenta que sería de gran instrucción para su hijo el poder acompañarlo en los viajes.

Cuando el sol alcanzó suficiente altura empezaron a llegar los invitados. Han formado pequeños grupos y entablan alegres conversaciones. Para toda esta gente el diálogo es importante. Permite conocer el pensamiento y las experiencias de otros. Mucho gustan en reunirse para comentar los sucesos de la ciudad y hablar cada quien de sus propias actividades. Así se escuchan comentarios como "me han entregado una buena cantidad de jade espléndido y ya comencé a tallar una placa para conmemorar el ascenso al trono del nuevo *Halach uinic*"; "los astrónomos anuncian que próximamente habrá un eclipse, de nuevo el jaguar morderá al sol"; "se acerca la fecha en que uno de los señores Xiu, de Uxmal, venga a la ciudad a competir en el sagrado juego de pelota. La ceremonia será suntuosa"; y por otra parte, los ancianos, parsimoniosos y hablando casi en susurro comentan los tristes presagios que amenazan al pueblo.

En cuanto toda la gente invitada está ya presente se inicia la ceremonia. Al centro del patio hay una mesa en la que Ah Otz coloca nueve objetos relacionados con la vocación del ahijado: una hoja de amate, un poco de arcilla acrosa, un trozo de mineral que produce el colorante amarillo, carbón de madera, un saco lleno de *pom,* un cepillo hecho de plumas, un pincel de cabellos, un sello y una tabla con jeroglíficos. Todos estos instrumentos alusivos a las tareas de los pintores de códices, son mirados como verdaderas piezas preciosas a las que, sobre todo en esta ceremonia, se les otorga la calidad de lo sagrado.

Ah Tzab entrega el niño al padrino quien lo toma amorosamente y lo carga a horcajadas en su cadera izquierda. Luego da vueltas alrededor de la mesa, tomando en cada una alguno de los instrumentos para dárselos al niño mientras le explica sus funciones. De esta manera se cimenta públicamente que el pequeño Keh tendrá una gran instrucción artística e histórica. Mucho conocerá del devenir del tiempo, de su registro, de los símbolos para contar los hechos. Además, la ceremonia del *hetzmek* ha contribuido para acentuar su identidad como varón.

Habiendo concluido con las nueve vueltas de carácter religioso cuya relación con los *Bolontikú,* Señores de la Noche, refiere que todo hombre es mortal y antes de morir debe asumir sus deberes en la vida. Ah Otz entrega el niño a sus padres pronunciando con emoción la siguiente frase: "le hecho el *hetzmek* a tu hijo; confirmadas están sus obligaciones". Cuzam y Ah Tzab reciben a su pequeño y se arrodillan frente al padrino como una muestra de gratitud. Momentos después comparten las viandas y la bebida con los concurrentes.

5
La infancia

Los primeros cuatro años de vida transcurren dentro de un margen de gran libertad. El niño crece en forma semejante a los cachorros recibiendo las atenciones indispensables como son el cariño, el sustento y la limpieza. Los niños nunca son involucrados en las penas y preocupaciones de los adultos. No se les somete a ninguna disciplina, pero como en los infantes es natural esa tendencia a imitarlo todo, los padres cuidan mucho de sus actos, de su propia imagen a fin de que los pequeños tengan frente a sí modelos dignos de ser copiados. En el paradigma está el secreto de la primera formación.

Cuzam y Ah Tzab tienen mucha conciencia, al igual que los demás padres, de que los niños a través del juego desarrollan su cuerpo y su mente. Eso que parece ser un simple divertimento es la expresión de la realidad infantil. Jugando, florece en ellos la imaginación, la inventiva y la capacidad de creación. Keh anda completamente desnudo como los demás niños. Sus pies descalzos son hábiles para correr y trepar. Nadie limita sus impulsos por subir a las ceibas y otras clases de árboles o por escalar las piedras del tecorral de su casa, por el contrario, lo estimulan para que aprenda a descubrir su cuerpo, su elasticidad; para que aprecie el paisaje, el espacio, el clima y la naturaleza. No es recriminado por sus torpezas y errores, sino que con el ejemplo se le muestra cómo debe comportarse. Con el propósito de motivarlo a expresarse con alegría, se le enseñan algunas cosas elementales de música, danza y canto. A esa edad ya sabe perforar el carrizo para fabricarse una flauta o bien tensar algún cuero en una jícara para improvisarse un tamborcillo. Le está permitido hacerse de amigos y jugar en grupo ya que de ello depende su entendimiento de la convivencia, de la relación social.

Algo que los padres sí atienden con todo cuidado es el inculcarle los hábitos de limpieza, de pulcritud. Cuzam suele bañar diariamente a Keh en el patio, dentro de una batea de madera llena de agua entibiada por el mismo sol. Y algunas veces, cuando en las noches está demasiado sucio por su contacto con la tierra, Cuzam calienta agua en el fogón y le da un segundo baño. En ciertas ocasiones lo llevan a los baños de vapor, construcciones hechas con arcilla, especie de domos que cubren una hondonada subterránea; ahí se calientan las piedras hasta hacerlas ascuas y luego se les hecha agua para que despidan el vapor. Keh contempla todo ese proceso y cómo sacan el humo por unos agujeros cavados en lo alto del muro. Usan yerbas que al frotarlas al cuerpo incrementan la circulación de la sangre y producen descanso y bienestar. Algunas son medicinales, muy variadas según las enfermedades. El baño de vapor consiste además en un acto de purificación y a eso se deben los cantos y los rezos que apartan todas las impurezas del cuerpo

*"Keh jamás habrá de olvidar los
días en que lo llevan a ver el criadero de
aves preciosas..."*

y del alma. Estos baños son familiares y casi siempre están precedidos por aquellos conocedores de la medicina y del ritual de la purificación. Existen unos muy grandes de servicio público, los cuales cuentan con unos vestíbulos donde familias enteras esperan su turno.

Los paseos son parte importante de la primera instrucción. Keh jamás habrá de olvidar los días en que lo llevan a ver el criadero de aves preciosas. En un gran espacio lleno de árboles y plantas, protegido por una inmensa red hecha de fibra de agave, varios hombres se dedican a cultivar las aves con el fin de aprovechar las plumas que tiran al mudarse y las cuales utilizan en el arte plumario. Para los mayas, las aves son sagradas, pues en sus cantos se escuchan las palabras de los dioses y su plumaje representa una de las bellezas naturales más apreciadas con la que se distinguen aquellos hombres, sacerdotes y autoridades, que son los intermediarios entre el pueblo y los dioses. Gracias al cuidado de la preservación de las distintas especies, las hay de los más variados plumajes, y según su color y brillo vibrante, unas son propiciatorias para la guerra, otras para la siembra y el comercio, y las más bellas tienen el poder de regocijar a los dioses quienes desde sus distintos espacios contemplan cómo los hombres superiores, así como músicos y danzantes, se decoran con impresionantes tocados de plumas para efectuar las ceremonias, alarde de una belleza dispuesta en su honor.

Keh las mira con asombro y escucha lleno de dicha sus cantos. Entre los verdes del follaje brillan plumas rojas como de lumbre, y sobre ellas, Ah Tzab le explica que son aves solares y que por ello radían como el fuego; semejantes son las color naranja y amarillas. Otras verdosas se confunden entre las hojas, y algunas de lúcidos azules y veteadas en verdes fosforescente recuerdan el brillo de las aguas que corren con rapidez. Las hay de café oscuro, negras, pintas, de contrastados colores, y otras esplendorosamente blancas.

Habiendo ya disfrutado de todo ese encanto, Ah Tzab lleva a

su hijo al taller donde trabajan el arte plumario. Es una gran crujía en la que decenas de artesanos están entregados a sus labores. Tendidas sobre el suelo, maravillan las plumas de gran variedad. Ellos, sentados en pequeños taburetes de madera, unen sobre telas, cuero o armazones de mimbre toda aquella plumajería. Unos las pegan con resinas, otros las cosen con bramante. Así confeccionan penachos, copetes, escudos, petos, brazaletes, rodilleras, capas y escudos. Con gran habilidad forman grecas o figuras zoomorfas. En algunos atuendos las colocan a manera de flecos, y son muy sensibles en la combinación de colores. Elaboran también otros objetos como maravillosos abanicos, aretes y collares. Adhieren plumas a las lanzas y a las flechas de manera que cuando éstas asciendan por los aires se asemejen a las aves. De la misma forma embellecen los cetros. Keh se pregunta si es posible volar utilizando unas alas artificiales, porque en las plumas ve que dos elementos se conjugan en ellas, el de la belleza y el del vuelo.

Una mañana, Ah Tzab descubre a Keh haciendo unas figuras con arcilla. Una de ellas tiene encajada en su cabeza algunas plumillas de las gallináceas que crían en el corral. Tzab sonríe y decide llevarlo con los alfareros. Este taller cuenta con tres crujías y un gran patio. Varios hombres están empleando el *kabal,* consistente en un trozo de madera cuadrado al que hacen girar con los pies. Con sus manos ayudan a moldear la arcilla, y pronto aquella masa informe empieza a redondearse, a tener un cuello, una forma precisa, ya de vaso o de vasija, esférica o cilíndrica. Otros golpean sobre un madero un rollo de arcilla, mismo que colocan verticalmente y al que con un pedazo de concha afilada van socavando hasta crear distintas figuras humanas o de animales. Lo hacen con tal destreza que poco a poco se perfilan rostros, brazos, piernas, cabezas o garras, y son tan expresivos que parece que miran y que pueden adquirir movimiento de un momento a otro. Algunas son piezas sueltas, pero otras forman interesantes grupos de danzantes, guerreros o cazadores, o mujeres con sus cestos en las cabezas caminando rumbo al tianguis, o amamantando a sus hijos o preparando tortillas. En todas estas figuras tan animadas, Keh ve la misma vida de su pueblo como si la razón de hacer este trabajo fuera la de representar lo cotidiano para testificar de alguna manera todo lo que implica la vida del hombre dentro de la actividad del universo.

"Ellos saben hacer mentir al barro —le advierte Tzab— lo hacen transformarse, fingir que es un ser". Keh mira con asombro las manos de un hombre que modela un jaguar. "El está haciendo a un dios" —le explica su padre—. Y las fauces son tan feroces y los músculos tan a punto de saltar, y hay en él tal vigor, tal magnificencia, que de inmediato se intuye en esa figura la presencia de algo divino.

En otra de las crujías, sobre unos troncos de *kuché*, cedro rojo, a los que han tajado para crear superficies planas, trabajan los decoradores. Sobre esas mesas hay todo tipo de vasijas y figuras que con gran delicadeza van siendo coloreadas. Aquí los movimientos de las manos son mucho más lentos: hunden los pinceles en las conchas que contienen la mezcla de tinturas y resinas, y luego con gran precisión delinean en el barro como si le aplicaran la vida. Estos pintores son en verdad cromógenos: engendran el color con un total conocimiento de lo que éste anima. Keh puede distinguir los muchos objetos de uso cotidiano que tienen gran demanda en los mercados, de aquellos de carácter ceremonial en los que se aplica un máximo de elegancia, con diseños cuyos significados aún no alcanza a comprender. Y es que según para lo que son destinados, ya como ofrendas a los dioses o como objetos votivos funerarios, llevan inscritos mensajes de suma importancia. Antes de que él llegue a dedicarse a la pintura de los códices, pasará primero por este taller para desarrollar su habilidad pictórica en el manejo de signos y símbolos que sólo comprenden los estudiosos y los sabios.

Afuera, en el patio, se encuentran alineadas las piezas comerciales y es posible apreciar en ellas todo el cuidado que han puesto los trabajadores imprimiéndoles amor y espíritu. No por ser de uso diario dejan de tener una conmovedora delicadeza. No muy lejos de ahí se encuentran los hornos donde se cocen las piezas. De uno de ellos, cuya boca flamea, sacaron docenas de figuras de la diosa Ixchel. Están al rojo vivo como si no representaran a la diosa luna sino a una deidad solar. Dispuestas ahí sobre la tierra, parecen haber brotado de un vientre encendido capaz de reproducir dioses a montones para que vinieran a la tierra a satisfacer las necesidades humanas. Ixchel, en su cielo, se ha de sentir conmovida al ver que la demandan y reproducen su imagen siempre votiva con el fin de venerarla.

6

La edad de la corrección y del pulimiento

Después de esos cuatro años en los que el niño ha disfrutado de completa libertad, se inicia otra etapa para él, caracterizada por el cumplimiento de varias disciplinas. El niño comienza a adquirir responsabilidades. Los paseos ahora están orientados hacia la apreciación total de los deberes del ser humano. Por lo tanto, Keh ha pasado breves temporadas, acaso dos o tres días, conviviendo con campesinos y cazadores. Gracias a ello entiende que gran parte de la economía de la ciudad depende de los quehaceres de estos hombres que procuran el sustento de la población.

Keh ha tenido la oportunidad de ver cómo se preparan los terrenos de cultivo. Durante el invierno se talan los bosques procurando un cuadro. Esta tierra es dispuesta por medio de ritos. En las cuatro esquinas orientadas hacia los principales rumbos del universo, un sacerdote entierra semillas, copal, ollas con miel y figuras de arcilla que representan a los dioses de la agricultura. Todos estos elementos votivos propiciarán lluvias dispensadas por *Chaac,* única forma de riego dada la naturaleza pedregosa del suelo que impide la irrigación artificial. Amparada ya la tierra por la protección de las deidades, durante el cuarto y quinto mes del año nuevo, cuando lo cortado está suficientemente seco, se inicia la quema de los campos para que al comenzar las lluvias en los meses subsecuentes, se planten las semillas utilizando el *xupl,* una vara con un extremo aguzado y endurecido al fuego. En los surcos los hombres hacen agujeros con este instrumento, en los que depositan algunos granos de maíz mezclados con dos o tres semillas de calabaza y frijol. Para permitir el desarrollo de los productos, se limpian las milpas arrancando toda la maleza perjudicial. Por el noveno mes se recolecta un maíz tierno y temprano. Luego se doblan las milpas para protegerlas de la humedad y permitir que las mazorcas se endurezcan. En el tiempo apropiado se recolecta el maíz, el cual se distribuye primero según las necesidades inmediatas, mientras que el resto es almacenado en los graneros construidos ahí en la milpa. Durante tres o cuatro años se utiliza el mismo terreno, pero dado el empobrecimiento de la tierra, la producción disminuye y después se tiene que talar otro campo para trabajarlo con el mismo procedimiento. Aquel que ha sido abandonado llega a recobrar su fertilidad después de unos siete años de descanso. Resulta trágica la pérdida del humus provocada por las quemas, y a menudo los hombres se ven obligados a alejarse más de los campos circundantes de las ciudades hacia lo alto de los montes para agotar nuevos terrenos. El cultivo de maíz es el más importante, pues este grano, esencial en la alimentación del pueblo, es considerado divino.

Se cultivan también dos especies de frijol llamadas *xcolibul* y

"El venado, al igual que el faisán, sólo se mata para alimento de los altos dignatarios que los ingieren ritualmente en las ceremonias..."

tzamá; el *itz,* camote; *chicam,* la jícama; el *macal* y *macalbox,* especies de tubérculos; *ic,* el chile; *chaya,* la chaya; *p'ac,* tomatillos; *kum* y *xcá,* calabazas; *kiixpaxhkum,* chayote; *kikitzin,* la yuca, entre otras.

Algunos hombres se dedican exclusivamente a la arboricultura, y entre los muchos árboles frutales, Keh ha podido conocer plantaciones de *on,* aguacate; *yá,* chicozapote; *op,* ciruelas; *dzamul,* el saramuyo; *put,* la papaya; el *chi,* nancen y el *tauch,* zapote negro. Hacia el oriente abundan las plantaciones de cacao, cuya semilla además de ser comestible se utiliza como moneda. Keh pudo así conocer que la naturaleza es rica en sus ofrendas pero que a la vez exige del trabajo del hombre si éste pretende no agotarla y sí favorecer su producción. Los distintos frutos son deleite para los niños, ya porque mucho lucen ahí colgados de los árboles como por sus distintos y deliciosos sabores. "Los dioses nos nutren —le dice Ah Tzab—, dan frutos sabrosos para animar nuestra sangre y nuestros cuerpos. Por ello debemos ser agradecidos con los dioses que nos sustentan".

En algunas partes del monte se encuentran distintas variedades de árboles. Hay unos que producen las jícaras que tanto sirven como recipientes, y otros cuyas fibras interiores permiten la confección de sandalias y otros enseres. Desde luego las maderas preferidas son el *kuché,* cedro rojo; la del *yá,* chicozapote, y la del *kikché,* un árbol del que se fabrican las canoas. Keh admira cómo socavando el tronco, éste queda convertido en una falúa que navegará más tarde por ríos y mares, impulsada hasta por treinta remeros según es su longitud. Refiriéndose a los ríos, le dice a su padre: "quiero ir por esos caminos que andan". Y refiriéndose al mar, agrega: ". . .y quiero ir por esas aguas que son tan grandes como el cielo". Ah Tzab le explica que esos son viajes difíciles, llenos de peligros y que por ello se procura no llevar a niños pequeños, pero que ya pronto estará en edad de acompañar en sus rutas comerciales a su padrino Ah Otz. Tendido sobre el suelo y mirando las nubes pasar por encima de las copas de los árboles,

Keh se ha puesto a imaginar las maravillas que pueden experimentar "los de los pies ligeros" o sea los comerciantes que se desplazan a largas distancias por los caminos de tierra; y más aún lo excitante que deben ser aquellos viajeros que "avanzan sobre maderos en los caminos que andan", los navegantes. De pronto escucha tocar un tambor que lo saca de sus ensoñaciones, y es que en ese sitio no sólo construyen canoas, sino también *tunkules*. Los más jóvenes, casi niños, ayudan a los adultos a hacer bateas, vasijas de madera y muchos otros utensilios. Algunos se dedican a talar las ramas de unos árboles duros y blancuzcos, los cuales se utilizan como rodillos para acarrear los inmensos cantos de piedra que desde grandes distancias son llevados a la ciudad para las construcciones. Las voces, el sudor de aquellos hombres, el ruido producido por el talamiento, todo indica que la faena es dura.

Keh, junto con otros niños, tiene también la oportunidad en varias ocasiones de ir a los campos de *taman*, plantas de algodón, para recoger esas borlas blancas y sedosas que producen. El algodón es la planta textil más apreciada pues con ella se confeccionan la mayoría de los atuendos. Le siguen el *choo, piim* o *pochote*, fibra extraída de las ceibas. Otra también muy cultivada es el *ki*, henequén, cuya fibra se obtiene raspando sus hojas con unas espátulas de madera que se conocen con el nombre de *toncoz ché* y *pac ché*. Tal labor ocasiona que los campos despidan un olor especial, muy penetrante, y de alguna forma el ambiente queda invadido por un cálido vapor. Por ser de interés para el niño, Ah Tzab lo lleva a conocer las plantas tintóreas utilizadas tanto para teñir algodón como en la pintura corporal y el tatuaje. Una se llama *ek*, palo de tinte, otra *ch'oh* que es el añil y el *k'uxub* o achiote. Keh pregunta si acaso son esas las que se utilizan en los códices, y le contestan que sí, pero mezcladas con resinas, y le hablan de las muchas tierras colorantes y del caracol de mar que también es recomendable.

Pocas son las veces que le permiten participar en la cacería. Keh es bastante torpe para usar el arco y las lanzas, sin embargo, la experiencia le resulta muy interesante. A veces tales labores se efectúan en la madrugada, otras al atardecer e incluso hay correrías en plena noche. Por medio de trampas o cacerías organizadas en las que se emplean flechas, dardos y jabalinas, se consiguen animales como el *keh* (venado), el *kitam* (jabalí), *jaleb* (tepescuintle), *thul* (conejo) y el *uech* (armadillo). Para la cacería de venados se emplean unos perros llamados *ahkehpek,* los cuales tienen extraordinario olfato, siguen con acierto el rastro y son muy ligeros para correr. El venado, al igual que el faisán, sólo se mata para alimento de los altos dignatarios que los ingieren ritualmente en las ceremonias. De ninguna manera son alimento para el pueblo que más bien se sustenta de *cutz,* pavos silvestres, o los *tzo* que son domésticos; de perros cebados y carentes de pelo llamados *bil;* así como de *cutzha,* patos y otros animales como las tortugas de los pozos y las iguanas que viven entre las piedras calizas.

Después de la primera cacería, Keh presencia una ceremonia que le causa gran impresión. Como ha resultado menguada, en uno de los adoratorios allende el monte, los ídolos son flagelados e insultados. "¿Cómo se puede insultar así a los dioses? —pregunta Keh— ...¿cómo pueden no reverenciarlos?". Por las explicaciones se entera de que existen dioses mayores y dioses menores que sirven a los más poderosos. Los que ahora vituperan son simples ayudantes que han realizado un mal servicio, así que es necesario recriminarlos, darles castigo para que se esmeren en próximas ocasiones. En cambio en la segunda cacería que ha resultado satisfactoriamente fructuosa, todo es diferente. Las piezas obtenidas se desangran para embadurnar los rostros de las representaciones de los dioses mayores a fin de honrarlos. Nueve veces le dan sangre a los dioses masculinos y siete a las diosas. De esta manera los veneran y alimentan. En estas circunstancias, las pequeñas divinidades servidoras, reciben también un poco de sangre y algunos cantos de gratitud. Terminado este rito se efectúa la repartición de las piezas. Los cazadores victoriosos tienen derecho a las cabezas, piernas e hígados, mientras que el resto de la carne se reparte entre los demás que han participado en la hazaña. Sin embargo

"Surgirá —le contesta la madre—
y experimentarás la bajada de Dios y
vivirás muchos días para cumplir con tus
deberes..."

dejan algunas piezas destinadas para los *batabes,* sacerdotes y altos funcionarios.

Keh sueña con ir al mar y convivir con los pescadores, pero por falta de oportunidad, el pequeño sigue con esa ilusión. No obstante le muestran los implementos que se usan en tales labores: redes, anzuelos, arpones, flechas y arcos. Lo llevan al mercado para que presencie la llegada de grandes cantidades de pescado salado y secado al sol, medio por el cual se conserva. Su carne blanca tan apreciada por sus valores nutritivos es una de las mercancías de gran consumo.

Todas estas experiencias tienen como propósito enseñarle al niño el valor del trabajo. Si lo invitan a practicar en ellas, no es para que las aprenda con toda destreza, sino para inculcarle el respeto a todas las clases trabajadoras, a todo el esfuerzo humano. De esta manera se despliegan con éxito su sensibilidad y su apreciación de las cosas y de los actos para poder cumplir mejor con los cánones estéticos y morales que sostienen a la sociedad. El observar el trabajo de los demás es parte de la disciplina y del aprendizaje, y conforme los niños van creciendo, el aprendizaje aborda temas más complejos y la disciplina es mucho más severa. Si a los niños en los primeros años no se les recrimina por nada, a partir de los cuatro, se les exigen varias responsabilidades y se les castiga con todo rigor por sus errores.

Un día Keh, junto con otros niños, anduvo corriendo en una plantación de *kiixpachkum,* y motivados por la euforia del juego se les ocurrió cortar varios chayotes para rodarlos por el suelo, patearlos y aventarlos por el aire. Sus padres, enérgicos, lo obligaron a ayunar durante tres días y a punzarse los muslos en un acto de arrepentimiento y penitencia frente a los dioses de la agricultura. Mayor fue el castigo cuando lo sorprendieron matando pájaros con una cerbatana, acto que se juzgó como una gran crueldad, puesto que está prohibido matar animales sólo con el afán de divertirse. "Nunca —le dijo Ah Tzab—, nunca se corta un fruto que no has de necesitar como alimento, y menos aún has de matar a los animales sin razón y justificación". Por el error cometido Keh ayunó cinco días y nuevamente se punzó los muslos. Cuando se burló de una anciana que resbaló en el tianguis, de inmediato Cuzam lo llevó a su casa y tostó chiles en el comal y lo hizo padecer el humo hasta arrancarle llanto. Este castigo es muy común para las niñas, por lo cual Keh sintió una gran vergüenza.

Las amonestaciones y escarmientos suceden cuando los niños ya han sido advertidos. Si no toman en cuenta los consejos, las reglas que se les enseñan, si burlan las leyes o los deberes, si muestran indiferencia o rebeldía, es cuando se toman medidas drásticas para enderezar sus corazones, para arreciar su voluntad. Y estos menesteres de corrección, muchas veces más dolorosos para los padres que para los niños mismos, tienen como afán el pulimento de los seres pequeños que están en edad de adquirir hábitos.

Keh no habría de olvidar los castigos sufridos, por ello, ahora medita las cosas antes de hacerlas y atiende más las advertencias con el fin de cometer menos errores. Observa más a sus padres e imita su conducta. Sabe perfectamente que el robo, la falta de respeto y la desobediencia lo aleja de la posibilidad de forjarse un corazón noble y un rostro digno. A Keh le han inculcado aspirar a la perfección.

7

La bajada de Dios

Tras haber revisado el calendario, Ah Tzab eligió este día propicio para la ceremonia de la pubertad, en la cual su hijo Keh habrá de recibir las advertencias necesarias para su transición de la adolescencia a la edad adulta. Con anterioridad se puso de acuerdo con otros padres de familia a fin de que para el caso se reuniera un grupo de niños y niñas en edad conveniente para tal celebración.

Keh, habiendo pasado una mala noche sin poder concebir el sueño a causa de la emoción y de sus reflexiones, se levanta poco antes de que el sol muestre su rostro. Cuzam, junto al fogón, cumple con su tarea cotidiana, el cocimiento de tortillas que realiza siempre en la madrugada. "¿Surgirá *Kin* hoy?" —le pregunta— y en su voz joven hay la incertidumbre de quien teme que el sol no aparezca y que al no haber un nuevo día, sobrevenga el fin de todas las cosas. "Surgirá —le contesta la madre— y experimentarás la bajada de Dios y vivirás muchos días para cumplir con tus deberes". La voz maternal le infunde confianza. Keh se sienta a su lado y bebe un té endulzado con miel. Respondiendo a una señal de Cuzam, sale al patio para disfrutar el advenimiento de la luz del nuevo día. *Kin,* el sol, se alza victorioso, la luminosidad cae sobre la tierra y todas las cosas se estremecen. Después de unos minutos de meditación, Keh se da un baño de agua fría. Impaciente espera el regreso de Ah Tzab quien ha pasado la noche en uno de los templos.

Horas después, los tres caminan muy despaciosos por la blanca calzada que cruza la ciudad de Chichén Itzá hasta llegar a donde, en perfecta armonía, se encuentran las casas de los principales. Son construcciones sólidas, con hermosos dinteles de madera y jambas esculpidas. Ahí, en el patio rectangular, franqueado por otros edificios, se encuentran reunidos varios adolescentes con sus padres. En un grupo están las niñas y en otro los varones. Keh se une a ellos. Todo está alfombrado de hojas verdes y es grata la sensación fresca que acaricia las plantas de los pies. La emoción crece cuando aparece el sacerdote junto con los cuatro *chaques,* sus ayudantes, y los padrinos. El porta un hisopo de madera bien labrado del que penden colas de serpiente de cascabel. Al agitarlas produce ese sonido que espanta a los malos espíritus y a la sequía. Recorre así todo el patio para expulsar las fuerzas nefastas, y una vez que lo ha purificado, sus ayudantes riegan las hojas que cubren el suelo con agua extraída del cenote sagrado. El aire parece adquirir menos peso, se respira sin dificultad, y el verde húmedo de la alfombra hace presente al dios Chaac, el del rostro de Jade. El lugar se siente protegido. El sacerdote cambia su vestimenta; luce ahora una capa bordada con plumas amarillas y porta un gran penacho. La estera es colocada al centro del patio y cada uno de los *chaques* se sienta en una de sus esquinas. Al frente están los padrinos, un hombre de alta jerarquía que además de apadrinar a los varones es quien solventa los gastos de la fiesta, y una anciana que amadrina a las niñas. Los *chaques* cubren las cabezas de los infantes con unas mantas blancas y los interrogan sobre su conducta. Aquellos que han transgredido, son separados del grupo. Luego se sientan todos en profundo silencio, mientras el sacerdote los rocía con agua sagrada, al mismo tiempo que pronuncia alabanzas. Con un hueso los padrinos amagan a cada niño nueve veces en la frente, les humedecen la cara y los espacios entre los dedos de las manos y de los pies. Ya ungidos, el sacerdote les quita los paños blancos y los infantes proceden a entregar sus ofrendas. Hay contento por los regalos, los cuales son aceptados como señal de que los niños asumen nuevas responsabilidades con la colectividad. Es entonces cuando el sacerdote les corta las cuentas blancas que les penden en las frentes, y las madres les quitan a las niñas las conchas rojas, significando con esto que están en edad de casarse. Los *chaques* fuman unas grandes pipas y sueltan bocanadas de humo para purificar los pequeños cuerpos. A los muchachos se les entrega un recipiente con *balché;* beben un trago y el resto se lo dan a tomar a los *chaques* quienes lo ingieren sin pausa alguna. Formados, con gran solemnidad, niños y niñas pasan al interior de la casa para meditar mientras en el patio los padres intercambian plumas y mantas y festejan la ceremonia con viandas y bebidas. Sólo los padrinos se abstienen de comer y beber, pues además de haber ayunado durante tres días antes, ayunarán otros nueve como penitencia para procurar la bajada de Dios.

Ya es tarde cuando la familia regresa a casa. Ah Tzab entrega a su hijo el primer *ex,* la braga, y unas sandalias. Ya no podrá más andar desnudo, y tendrá que pasar muchos días en una casa de la comunidad destinada para los jóvenes solteros, donde ha de practicar deportes como el juego de pelota, carreras, lanzamientos de jabalinas, aprenderá danzas y cantos. Es ahí donde ha de recibir una mayor instrucción.

8

Los dioses

Día con día los educadores visitan la Casa de los jóvenes para darles enseñanza. Conocer los atributos de los dioses, sus poderes y sus esferas de acción, es una tarea de gran importancia. Hoy, Keh tiene que pasar un examen frente al sacerdote Ah Kin Tzoc para revelarle hasta dónde llega su conocimiento sobre las divinidades. El examen es a la medianoche. Keh nada teme, pues en caso de olvidar o ignorar algo, sólo significa que necesitará de mayor estudio. Ha ayunado durante tres días y se ha perforado la lengua con el punzón de un agave para obtener un estado de pureza y poder mencionar los nombres divinos.

DEMETRIO SODI M.

Keh, desde el atardecer ha permanecido frente a la casa sacerdotal. Ha visto cómo *Kin* se hunde en la entraña del inframundo. El rojo ha desaparecido del cielo y comienzan a brillar las primeras estrellas. Ahí, de pie, hace memoria y deja que los dioses divinicen su entendimiento. La luna, redondamente maternal, va girando hasta alcanzar mayor altura y desde su espacio parece mojar con luz los magníficos edificios de la ciudad. El sonido de un caracol indica que ha llegado la hora del examen. Keh asciende por una pequeña escalinata y llega a una puerta donde lo aguardan dos hombres. De ahí lo conducen con Ah Kin Tzoc, quien lo espera en el gran patio ubicado al sur. La noche es apasible y el examen consiste en ir y venir por ese gran espacio mientras el muchacho responde a las preguntas del sacerdote.

—¿Quién es la diosa de la Soga? —le pregunta el anciano.

—Es *Ixtab* —contesta Keh— ella pende del cielo sostenida por una cuerda que rodea su cuello. La soga es su símbolo así como lo es también la ceiba, el árbol sagrado. *Ixtab* tiene los ojos cerrados por la muerte y en una de sus mejillas lleva un círculo negro que representa la descomposición de la carne. Aquellos que renuncian a su vida ahorcándose de una ceiba, ganarán su paraíso, porque darse a sí mismo la muerte como penitencia para su goce y sustento, tiene como recompensa el hospedarse en terrenos divinos.

Nada corrige el anciano, nada agrega, pero cuando pasan por un charco de luz, le pregunta:

—¿Cuál divinidad fue tu primera protectora?

—*Ixchel* —exclama con regocijo— porque es la diosa de la preñez y del parto, la que protege a los prontos a nacer. Es diosa de lo femenino, la que inventó el tejido, el hilado, la que da el atuendo. Por ella se forman nuestros rostros en el vientre materno, por ella se nace a la vida. Por ella el mar crece y decrece.

—¿Acaso es toda bondad? —inquiere el sacerdote.

"Y... ¿quién es Itzamná? El Señor de
los Cielos —explica Keh— hijo de Hunab Ku,
creador del origen. De Itzamná nace
el día y la noche..."

—También es diosa de las inundaciones. Los símbolos que la rodean son los de la destrucción, símbolos de muerte. En su falda lleva dos huesos cruzados, y sobre su cabeza se enrosca una serpiente. Ella es el agua que destruye, la que da fin a las cosas. Ella desató torrentes de lluvia, es la creadora del diluvio que dio término a una de las eras, a uno de los soles pasados.

—Entonces, hay que temerle. ¡Es diosa de la calamidad! —susurra el anciano.

—No sólo temerle —aclara Keh—, hay mucho más qué agradecerle. Porque si ella es la muerte, cierto es también que es la vida. Además, ella es la consorte de *Itzamná.*

—Y. . . ¿quién es *Itzamná?*

—El Señor de los Cielos —explica Keh— hijo de *Hunab Ku,* creador del origen. De *Itzamná* nace el día y la noche, por lo tanto es dios del Tiempo. Se le representa con el signo del día *Ahau,* el último y más importante de los veinte días del mes. *Ahau* significa Señor, gobernante, emperador, así que *Itzamná* es el que está a la cabeza de los dioses, el que preside la sociedad divina. El es todo creador, jamás destruye y por lo tanto nunca lleva símbolos de la muerte.

—Sí —replica el viejo—, *Itzamná* es grandioso, y por cierto es hermano de *Kinich Ahau.*

—Oh no —aclara Keh— *Kinich Ahau,* Señor del Ojo del Sol, es él mismo, es una de sus manifestaciones en su carácter de Señor del Día. *Itzamná* controla a *Ixchel,* su esposa, y cuando él la aconseja, las aguas del mar son tranquilas, navegables. En el mes de *Zip,* junto con ella, es considerado dios de la Medicina, porque tras ser invocados, alejan las enfermedades. Cuando él se distrae, brotan las epidemias en la tierra.

El viejo y el joven van y vienen a lo largo del patio. Caminan despacio como si al hacerlo la mente se abriera más a la comprensión de las cosas. En una esquina, proyectándose de la arista de un edificio, se curva una protuberante nariz de piedra perfectamente labrada. El sacerdote la contempla y le pregunta al muchacho:

—¿Quién es este dios?

—*Chaac* —responde Keh con el goce que le produce mencionarlo— es el dios de la Lluvia. En su larga nariz y en sus colmillos enroscados se expresa su generosidad. El signo que tiene en uno de sus ojos representa una lágrima, la cual alude a la lluvia que de él brota. Es dios de la fertilidad porque es él quien nutre a la tierra. De su bondad depende que los pozos se llenen de agua, y de su ira el que se sequen. El es cuatro dioses en uno, y cada una de sus partes ocupa uno de los puntos cardinales: *Chac Xib Chaac* es el Hombre Rojo del Este; *Sax Xib Chaac* es el Hombre Blanco del Norte; *Ek Xib Chaac* es el Hombre Negro del Oeste y *Kan Xib Chaac* es el Hombre Amarillo del Sur. *Ik,* el dios del Viento, es su camarada, juntos trabajan. Es *Ik* quien mueve las nubes para llevar la lluvia a los sitios elegidos por *Chaac.* Mucho requieren los hombres de su intervención amistosa porque de ellos depende nuestro sustento.

—¿Sólo de *Chaac* y de *Ik,* su ayudante, depende nuestro sustento?

—No —responde Keh—, el universo entero se sustenta de todos los dioses. Y en cuanto al alimento del que los hombres nos nutrimos, está también el dios del Maíz, del cual su nombre se guarda en silencio. A muchos otros debemos también nuestro mantenimiento. Puedo así mencionar a los espíritus que viven en el *Ak' Al,* la ciénega donde abunda el agua, y a aquellos que acompañan a los *Bacaboob,* los Vertedores, quieres forman un solo dios: *Ah Cantzincnal Bacab,* el Vertedor de los Cuatro Rincones, a quien se debe el *Hahal,* o sea la época de lluvias. Importante también es *Hahal K'u,* la Deidad Verdadera, así como *Ix Chuah,* La Llenadora. *Ah K'inchil,* el Rostro Solar, se asoma para dar verdor a las plantas. Y nuestros montes son protegidos por los *Ahkanankaxob,* cuyo Señor principal es *Yum Kax* (dios del maíz) quien nos da prosperidad y abundancia.

—Mucha debe ser nuestra gratitud cuando que muchos son quienes nos sustentan —le aconseja el anciano—. Y... ¿qué sabes —pregunta— de los *Bacaboob?*

—Ellos son cuatro y tienen cuatrocientas mil manifestaciones según sean sus quehaceres divinos. Los hay, como ya dije, en su actitud de Vertedores de Agua; los hay como Sostenedores del Cielo; y otros como Sostenedores de la Tierra. *Bacaboob* son también aquellos que cargan conchas de caracol y tortuga, y los *Ah Muzencaboob*, relacionados con los días *uayeb*, los cinco sobrantes del año, días locos. Por eso estos últimos representan la ancianidad, el término, el retorno al caos. A veces aparecen como dioses fertilizadores de las flores y se les conoce como *Zec*, dueños de las colmenas.

—¿A quién rinden culto los sembradores de cacao?

—A *Hobnil*, y también y especialmente a *Ek Chuah*.

—¿Quién protege a los mercaderes y a los viajeros?

—Es *Xaman Ek*, el dios de la Estrella Polar. A diferencia de *Chaac*, éste tiene la nariz roma y manchas oscuras en su cabeza que nos permiten saber que es un cuerpo celeste que brilla en la oscuridad. Jamás desaparece en la noche y así orienta a los caminantes. Es un buen dios porque ilumina los caminos y deshace la incertidumbre en las encrucijadas.

—¿Quién es aquel que aunque aparece brillando en el cielo, despierta nuestros temores?

—*Noh Ek*, el planeta Venus. Cuando *Kin* brilla dándonos su máxima claridad, *Noh Ek* desciende de cabeza a los infiernos. Ahí lucha, y aunque vence diariamente a las tinieblas, cuando al atardecer aparece en el cielo, se eleva cargado de fuerzas nefastas que no debemos de mirar, pero éstas disminuyen conforme su luz se acrecienta. Ya para la medianoche está completamente purificado y se torna benévolo.

—¿Cuál es el dios que repta y vuela?

"Pero hay algo en Mayapán
que es fascinante: La ciudad entera se
asemeja al agua hirviente. Populosa como es,
parece que de ella germina la vida..."

—*Kukulcan*, la Serpiente Emplumada. El es un dios dual: es la materia y el espíritu; la tierra que quiere ascender al cielo y el mismo cielo que desciende a la tierra; es lo bueno y lo malo; lo blanco y lo negro; lo etéreo y lo sólido; el grito y el silencio. El caos se armoniza en él porque Kukulcan es la reunión de los opuestos.

—¿Cuál es el dios que tiene una línea negra que rodea parcialmente uno de sus ojos y se prolonga hasta su mejilla?

—*Ek Chuah*, el de las dos caras, benévolo y malévolo, que además de ser patrono del cacao es dios de la Guerra, de la muerte violenta, el que incendia las casas y los corazones con una antorcha. Es él, quien con ayuda de *Ik* orienta las flechas. El acrecienta la bravura, él aumenta el coraje y quita el miedo. También es dios de los Sacrificios y lo acompaña el dios de la Muerte.

—¿Cuál es el dios de la Muerte y dónde se ubica?

—Se llama *Ah Puch* y además se le conoce con el nombre de *Yum Kimil*, y está simultáneamente en el cielo y en el inframundo.

—¿Quiénes más habitan en el inframundo?

—El dios Jaguar que es el sol en su correría nocturno. Y también los *Bolontikú*, los Señores de la Noche.

—¿Cómo se dividen los cielos y el inframundo, en cuántas partes, y cómo se distribuyen en ellos los dioses?

Ahora Keh duda, no acierta a comprender la dimensión del universo. Confiesa ignorarlo. Entonces el sacerdote acaricia su rostro y lo levanta para que mire la profundidad del cielo.

—El cielo se divide en trece partes —le dice el anciano con voz suave— trece son sus recintos y en ellos se distribuyen los *Oxlahuntikú*, dioses celestes. Una gran ceiba atraviesa el centro de la tierra, hunde sus raíces en el inframundo y eleva sus ramas por el firmamento. Por ellas suben y descienden los dioses, y como son ubicuos pueden estar simultáneamente en la tierra, en el *metnal* o inframundo y en los cielos. Los dioses son polifacéticos, cambian de rostro y de atuendo, pueden ser buenos o malos, según sea su contento con los hombres y según cumplan con sus distintas actividades. Mira, contempla las estrellas y verás cuántos son nuestros Señores y Dioses que habitan en las alturas. Están allá y están a la vez aquí, en la tierra. Los dioses del inframundo viven en las profundidades, y no obstante, merodean por nuestros campos y ciudades.

—¿Son muchos los dioses del inframundo? —pregunta Keh.

—Sí, tantos como los celestes —contesta el anciano—. Los dioses de la guerra y del sacrificio moran en el primer vado y son grandes incitadores. Más abajo se encuentra *Cit Bolon Ua,* el Decidor de Mentiras, el que engaña, el que sabe atraer con sus farsas como lo hace la zarigüeya; y conforme se desciende se encuentra aquel que nos quita el resuello, el que nos niega el aire, *Ah Cup Cacap.* En otro espacio aparece *Uuc Stay,* el que está dividido en siete fuerzas de muerte y quien es veloz, siempre pronto. En pasajes más oscuros y profundos habitan *Chac Bolay Can,* la serpiente roja carnicera, así como el ave moan y la lechuza, símbolos de la muerte. ¡Cientos de cientos son nuestros dioses y todos magníficos! Ellos son dueños del orden, por eso tienen distribuidas sus actividades y perfectamente establecida su jerarquía. Los dioses menores rinden a los mayores, y cuando hay conflictos entre unos y otros, resurge el caos en la tierra.

El examen ha resultado satisfactorio. El sacerdote le muestra al joven su rostro lleno de agrado. Se despiden con gran contento. Esta noche Keh no dormirá en la morada colectiva. Ah Tzab lo espera afuera para llevarlo a la casa familiar. El aislarlo de los demás tiene como propósito permitirle un ambiente propicio para que reflexione. Keh siente su corazón divinizado y reconoce que no hay soledad porque todo está poblado de deidades.

Reflexiona, se va durmiendo pensando en sus dioses, y cuando apenas empieza a reconciliar el sueño, Cuzam se queja tenuemente. Ah Tzab se incorpora y la atiende. "Es el cansancio" —dice ella—, pero se advierte en su rostro un gesto de dolor y debilidad. En cuanto amanece, Ah Tzab junto con Keh, la lleva al médico. Este es un hombre al que todos le tienen mucha confianza. El sabe seleccionar las yerbas medicinales. Conoce mucho de medicina y los dioses lo favorecen, tanto que ya le ha abierto la cabeza a un enfermo para extraerle el mal. El médico la ausculta y después de un breve examen toma el *Am,* piedra adivinatoria sacralizada en el templo de *Ixchel,* la pasa por su vientre y finalmente exclama: "Embarazo, no hay que preocuparse".

La idea del advenimiento de un hermano, entusiasma a Keh. Ah Tzab también se muestra feliz. El joven abraza a su madre en un gesto de felicitación, y cuando siente su calor piensa en cuán compleja, grata y dolorosa es la vida. Por su mente pasan los cientos de dioses existentes y en su corazón impera la fe en *Ixchel,* diosa que protegió su nacimiento y a la cual sus padres demandan por segunda vez.

9

Primer viaje a Uxmal
y a Mayapán

Casi a la medianoche, Ah Otz y Keh emprenden la caminata por el *sacbé* que conduce a la ciudad de Uxmal. Momentos antes han rendido culto a *Xaman Ek,* el dios de la estrella polar, su guía. El camino es blanco, recto y está perfectamente iluminado por la luna. La sonoridad de los pasos se impone a los murmullos nocturnos creados por el viento, el follaje y el canto de los insectos.

"Mira bien por dónde caminas —le dice Ah Otz— porque cuando mueras habrás de retroceder todo cuanto has andado para recoger tus pasos. De esta forma tomarás conciencia de lo vivido, te podrás juzgar tú mismo y así le hablarás a los dioses de todo cuanto hiciste en tu existencia".

"Muchos serán los pasos que tú has de recoger —exclama Keh— ya que eres caminante". "Muchos —asiente el padrino— merodearé largamente para recogerlos todos". "¿Temes morir?" —pregunta el joven— y la respuesta de Ah Otz está llena de profundas aspiraciones: "Temo que mi vida no sea intensa. No me importa lo largo o lo corto que sea, pero sí lo intenso. Me esmero en vivir con utilidad".

Sobre sus espaldas, el comerciante lleva una talega llena de objetos de orfebrería, entre ellos hay dos máscaras que no sólo han sido martilladas y repujadas a la usanza de la tradición maya, sino que han requerido de la fundición, arte practicado por los mixtecos. Son por lo tanto piezas raras, de gran valor. En esta ocasión, Ah Otz no va a comerciar. Le han encomendado llevar estos presentes a los Señores de Uxmal y de Mayapán, con el fin de estrechar las relaciones. Las profecías que anuncian la desintegración de la alianza, han provocado una dolorosa inquietud, y tanto los gobernantes como el pueblo se esmeran en mantener el concierto, la unión. Sin embargo, mientras caminan, Ah Otz se cuestiona: "¿cómo será posible evitar un desastre que ya se refleja en las aguas sagradas, que ya ha sido revelado a los visionarios, a los profetas?"

"¿Descansaremos en algún punto del camino?" —inquiere Keh—. Y tal pregunta saca a Otz de esos pensamientos que tanto lo torturan. Volviendo a la realidad y con gran paternalismo le contesta: "este no es camino largo ni trabajoso, así que en este caso, el mejor descanso del caminante es continuar siempre con el mismo ritmo. Por eso vamos despacio para no agotar nuestras fuerzas, y por eso lo hacemos de noche para no ser lacerados por el sol y no padecer sed. ¿Acaso te has cansado?" —le pregunta con cierto asombro—. "No precisamente —afirma Keh—, pero quería saber si los viajeros cuentan con sitios para pernoctar".

Un gesto grato aparece en el rostro del viajero al recordar los muchos refugios que se encuentran mediando las grandes distancias que recorren los mercaderes. Recuerda cómo en esos sitios es donde se obtiene una gran información, pues ahí se encuentran viajeros procedentes de distintas partes. Estos lugares son las fuentes de los informantes, ahí se intercambian mensajes para poder evitar así correrías demasiado largas. De esta manera se efectúa el correo. Son lugares acogedores llenos de servicios: se requiere comida, las mujeres lavan los atuendos, y es ahí donde a veces se hacen los primeros trueques, las primeras ventas. Los viajeros son gente que mucho saben y en ello estriba lo interesante de sus vidas. Son como un rostro hecho de mosaicos, muchas son las partes que lo componen, no parecen ser originarios de un solo sitio, sino que son como gente brotada de la inmensidad. Son leales y verdaderos, pues un sentido ético les impide mentir, ya que sus palabras constituyen la información.

"Cuando hagamos viajes más largos —agrega Ah Otz— conocerás esos albergues y podrás disfrutar de toda la gente que a ellos llega. Por lo pronto, en este viaje, cuando el sol se haya elevado estaremos en uno donde se come, y después sólo serán necesarias unas horas de camino para llegar a Uxmal".

Keh es impactado por la ciudad. Si bien algunos de sus edificios son semejantes a los de Chichén Itzá, aquí la arquitectura tolteca es mínima. No hay las columnas de serpientes y todos esos otros rasgos que allá imperan y que fueron traídos de Tula. Está contemplando la grandeza que los edificios y espacios producen, cuando se acerca a ellos un hombre que les es presentado como uno de los arquitectos de más prestigio. Su padrino se ha preocupado porque el paseo le resulte instructivo. Conforme este hombre conocedor le va explicando, Keh se entera que muchos de los edificios que le son familiares, pertenecen al estilo *Puuc*. Esta palabra significa "país de las colinas bajas" y con ella se designa a la arquitectura que es común en la zona calcárea de Yucatán. Las construcciones son de muros lisos, sobrios, coronados por frisos de espléndida decoración, rematados con cornizas. Una ancha moldura rodea el largo del edificio. Hay en toda la ciudad un gran sentido de armonía y se respira libertad gracias al manejo de los grandes espacios. Las inmensas explanadas están franqueadas por edificios ortogonales; las pirámides que se yerguen sobre inmensos basamentos, parecen querer elevarse hasta el ámbito de los dioses. Conmueve su erguimiento, su posición majestuosa. Mucho más altos que las copas de los árboles son los templos mayas, y son éstos obra del hombre. Keh se estremece, se regocija por toda esta labor tan sorprendente.

Mientras Ah Otz cumple con su deber de entregarle los obsequios al señor de los Xiu, el nuevo amigo de Keh lo lleva frente a la pirámide del Adivino. Jamás antes había visto un edificio semejante, tan portentoso y suave a la vez. Mucha nobleza hay en su forma y esto se debe a los muros redondeados que evitan la agresividad de las aristas. Ciertamente, esta construcción parece ser arte de magia, y por tal razón la gente fantasea diciendo que lo construyó un ser con poderes sobrenaturales, un enano que nació de un huevo, hijo de una hechicera. Se dice que por sus fechorías había sido condenado a muerte, y que convenció al gobernador de que le perdonara la vida a cambio de construirle un gran edificio que nunca hubiera osado imaginar. Atardecía cuando el enano puso la primera piedra, y dicen que al poco tiempo todos los pobladores durmieron como bajo un hechizo, y que a la mañana siguiente, cuando despertaron, el sitio estaba cubierto de vaho y neblina. Gradualmente la neblina se fue desgarrando y dejó ver el suntuoso edificio. Así sucedió todo para asombro de aquellos que presenciaron tal prodigio.

"¿Es verdad eso?" —pregunta Keh con total asombro—. "Claro que no —responde el arquitecto orgulloso de su oficio—. Eso se dice porque tú sabes que es difícil contener los vuelos de la imaginación. Los sueños y las fantasías parecen ser obra de diosecillos traviesos que intentan hacer que el hombre pierda su realidad".

"Custodiada por los Ah Kines, la víctima
ascendió al templo. Mantuvo erguida su cabeza,
tensos los músculos, ausentes de miedo.
Verdaderamente ascendía hacia los dioses. . ."

Ante esa explicación, Keh siente vergüenza por haberse fascinado con la leyenda. Luego un temor lo sobrecoge. "Locura" —exclama perturbado—. "No —le aclara el maestro—, simplemente fascinando distorsión. El hombre a veces olvida que se puede fascinar con la naturaleza misma, y entonces inventa, crea ficciones, glorias de humo. Pero este edificio es una realidad hecha por obra humana. Se formó un montículo de roca natural, ese es su corazón, y una gran cantidad de piedras (un millón de toneladas) lo cubren, lo adornan, forman su cuerpo. Muchos fueron los hombres que aportaron cargas de piedra. La tarea de pionaje fue ardua, agotadora, pero la magnificencia misma del edificio te demuestra la grandeza del espíritu emprendedor de un pueblo capaz de trabajar lo suficiente para bien impresionar a los dioses. No, nunca se ha querido competir con su creación divina, sino simplemente demostrarles que las capacidades que nos han otorgado, las activamos hasta su máxima posibilidad".

Platicando sobre la precisión matemática necesaria en la arquitectura, y sobre la orientación de los edificios que muchas veces se enfoca con relación a puntos astronómicos de interés, llegan frente al Palacio del Gobernador, edificio que a primera vista muestra el virtuosismo en su construcción. El friso que lo decora, no muy alto, es una delicada labor de mosaico. Las piedras perfectamente cortadas (que tienen una longitud de 20 a 60 cm), componen una serie de grecas representativas de la deidad serpiente y ciento cincuenta máscaras del dios *Chaac*. Impresionan los múltiples ojos divinos que observan desde su estatismo, los colmillos curvos que muestran la severidad del dios y las protuberantes trompas que prometen abundancia de lluvia. Son en total 2 700 piezas las que conforman el friso. No hay error perceptible en el ordenamiento. Todo parece justo. Lo es, según explica el arquitecto que habla con emoción sobre el trabajo de los picapedreros, de los escultores, de todos aquellos que realizaron tan magnífica empresa. Ahí está el trabajo de cientos de hombres, ahí está el sometimiento del esfuerzo humano a una racionalización matemática; ahí está la voluntad que pulimenta a la piedra y la dota de alma.

Caminar por todo el centro cívico y ceremonial de esta ciudad, es una experiencia en verdad excitante. Incluso en las construcciones que forman cuadrángulos y que son muy parecidas a las de Chichén Itzá, Keh se emociona al constatar que hay algo peculiar en todo ello, y es que cada ciudad encierra un espíritu propio aun cuando los pueblos comparten el mismo adelanto técnico y las mismas costumbres. En el lugar convenido, Keh se reúne con su padrino. Agradece al arquitecto su interesante plática, se despiden y se encaminan a la casa donde les darán alojamiento. Extensa es el área construida para habitación de las clases populares, pues muchos son los habitantes de Uxmal.

Grande es la sorpresa cuando llegan a Mayapán y ve que la ciudad está protegida por una muralla. Esto la hace misteriosa y le da poder. En la puerta, los guardianes interrogan a Ah Otz sobre el objetivo de su presencia, pues no cualquiera puede introducirse. Al conocer los motivos de su viaje, los dejan pasar. Ya adentro, tras recorrer un gran tramo, Keh experimenta cierta tristeza. Ah Otz advierte sus emociones y prefiere guardar silencio. Parece como si hubieran descendido de un mundo monumental, prodigioso, a otro de maqueta. Demasiado pequeñas resultan las construcciones: carecen de grandiosidad. Aquí los templos no se esfuerzan demasiado por alcanzar el ámbito divino, cumplen simplemente con su función de adoratorios. Sin embargo, Mayapán, cuyo nombre significa "el pendón de los mayas", es una ciudad extensa y de gran fuerza política, ya que es la cabecera de la confederación. Fue fundada en el año 941 y creció bajo el gobierno de la familia *Cocom*. Ellos invitaron a los *Tutulxiús* a que construyeran sus edificios. Keh no puede borrar de su mente la belleza arquitectónica de Uxmal y evoca de la misma manera lo hermoso de su propia ciudad, por ello no puede comprender el que aquí la arquitectura sea más parca. Advierte, por los muros en talud, que mucho se ha infiltrado la influencia tolteca, pero falta excelsitud. Se detiene frente a una pirámide de poca altura, similar a una simple plataforma de danza, y aunque es de buena hechura, le produce un sentimiento muy cercano a la compasión. Un llanto escéptico lo conturba, y Ah Otz le murmura al oído: "sí, es cierto, estamos cerca del fin de nuestro progreso, todo empieza a detenerse, la belleza se va opacando, la creatividad disminuye. Todo es como una muerte gradual que se retarda con grandes pausas".

Pero hay algo en Mayapán que es fascinante: la ciudad entera se asemeja al agua hirviente. Populosa como es, parece que de ella germina la vida, la actividad humana. Hay prisa y brío en sus habitantes, especialmente en el área del tianguis, donde la venta y el trueque acontecen como el vuelo de los pájaros. Los objetos cambian de unas manos a otras, y todas las expresiones acusan cierto delirio por obtener. Aquí la posesión de las cosas es un deseo constante y evidente. También es obvio cómo se fomenta la esclavitud y el comercio de esclavos. Mercenarios nahuas procedentes de Xicalango, son los encargados de sofocar cualquier intento de insubordinación o resistencia. Hay en esta ciudad muchos señores del Mayab, y hoy rinden cuentas al *Cocom* supremo y gobiernan a sus pueblos desde aquí, por medio de autoridades subalternas. De manera distinta al ambiente de Chichén Itzá, aquí impera una sensación de tiranía. Impresiona, sin embargo, caminar por entre sus casas, las cuales son muchas, dicen que más de tres mil quinientas, construidas alrededor de 20 cenotes.

Ah Otz encuentra conveniente que en esta ocasión Keh lo acompañe a entregar los obsequios. No hay mensajes secretos pues sólo lleva salutaciones de cordialidad. Con actitud muy respetuosa llegan frente al Señor Principal de los *Cocom*, llamado Hunac Keel, hombre rígido y poderoso. Está acompañado de su séquito y el atuendo que luce todo el grupo es rico y de perfecta hechura. Con agrado recibe las ofrendas, las agradece con dignidad y pide a Ah Otz que comunique sus mejores deseos para el Señor de los Itzáes, Chac Xib Chac, quien ahora los gobierna, y diciendo esto le entrega una talega con obsequios. Todo indica que hay paz, que la Confederación se mantiene en orden.

Cumplido el objetivo del viaje, se dirigen hacia una de las puertas que ostenta la muralla. Hombres de guerra, hombres que tienen el poder de las armas, la custodian. Sin embargo tratan con amabilidad a Ah Otz porque les es noble y conocido, digno mensajero de los itzáes. Una vez al otro lado del muro, ambos emprenden la caminata de regreso por el *sacbé,* el camino blanco.

10

Las ceremonias

Es deber de un hijo conocer a fondo la actividad de su padre para rendirle mayor respeto y poder comprender mejor su destino en la vida. Keh advierte la importancia del trabajo de Ah Tzab, quien está al servicio de los *Ah Kines*, Sacerdotes Solares, señores que consultan los oráculos, ofician en los sacrificios humanos y celebran las ceremonias de cada mes en honor de los dioses. A su vez, los *Ah Kines*, además de colaborar con los *chilames*, profetas e intérpretes de la voluntad de los dioses, son asistentes del *Ahau Can*, señor Serpiente y sumo sacerdote. Las tareas de Ah Tzab son múltiples pero todas relacionadas con las prácticas rituales. Supervisa que los encargados mantengan limpios los templos, que no falten las ollas llenas de agua y que se preserve encendido siempre el fuego sagrado. Cuida del orden en la casa femenina de las doncellas dedicadas al sacerdocio o elegidas para el sacrificio. Inspecciona que los *Ah caboob* entreguen los tributos correspondientes de los distintos barrios, y colabora en la administración económica. Atiende los grupos de músicos y ve por el mantenimiento de los atuendos ceremoniales.

Keh ha aprendido a respetar profundamente a la clase sacerdotal, porque sabe que es la encargada de guardar la tradición y poder así conservar los más altos logros conseguidos durante el apogeo cultural de los mayas. Cuando años atrás las clases populares se revelaron contra el sacerdocio, mucho vinieron a menos los mayas. Tal vez a eso se deba que ahora, sacerdotes y militares fungen como si fueran un solo cuerpo. Si bien las cosas han cambiado con la influencia tulense, aún la esencia de lo maya resplandece gracias al culto a los antepasados y a la actitud de guardar celosamente la tradición. Desde tiempos antiguos se practica el sacrificio humano el cual se ha incrementado por la costumbre ritual de los mexicanos, ahora tan difundida en la zona maya. Los *holcanes,* "los bravos", "los de cabeza de serpiente", se encargan de adquirir esclavos y víctimas para el sacrificio. Aquellos que son de origen plebeyo se destinan para las arduas labores. Los hombres reciben el nombre de *p'entac* y las mujeres el de *munach.* Sólo los prisioneros de guerra de alto linaje tienen derecho a ser sacrificados en holocausto a los dioses principales. Es un honor morir por los dioses, ser su sustento. Hay madres que ofrecen a sus hijos y hay otros tantos que nacen predestinados para ello. Algunos realizan hazañas para ganarse tal privilegio.

Keh, no hace mucho, presenció un sacrificio realizado en el templo de los guerreros Aguilas y Tigres. Las profecías dictan que la paz de Chichén Itzá, que ha perdurado casi durante 20 *baktunes,* habrá de desembocar en constantes guerras. Por ello, en esa ocasión se les rindió culto a *Pakat, Sacal Puc* y a *Ah Chhuy Kak,*

*"Al frente de ellos está una estera para que
él se siente, pero el anciano prefiere caminar,
ir y venir mientras habla. Así comienza a contar
cómo fue el origen..."*

dioses de la muerte violenta y del sacrificio. En la multitud predominaban los jóvenes guerreros con sus cuerpos pintados de rojo y negro. Los *nacom,* capitanes, lucían penachos de color tan encendido que parecían llamaradas sobre sus cabezas, y había otros que se engalanaron con plumaje negro, recordatorio de la muerte.

Un grito persistente llevaba el mismo ritmo de los *tunkules* que repercutían al unísono de los ardores del atardecer. En el cielo, las nubes de fuego amenazaban con desplomarse. Algo intenso vibraba en el ambiente, era el deseo múltiple de cientos de personas aglomeradas bajo una sola súplica: "¡Victoria pedimos, oh dioses, para las guerras futuras!". Los danzantes herían con sus pies las piedras de las plataformas, hacían signos, giros y saltos, simulacro de la vehemencia en la guerra. Custodiada por los *Ah Kines,* la víctima ascendió al templo. Mantuvo erguida su cabeza, tensos los músculos, ausentes de miedo. Verdaderamente ascendía hacia los dioses. Lo ungieron, lo desnudaron de máscaras y atuendos para que mostrara a las deidades su auténtico rostro. El humo del *pom* envolvió su cuerpo. Cuatro *chaques* pintados de azul lo recostaron en la piedra de los sacrificios, lo asieron por los brazos y piernas, y así él tensó su pecho en ofrenda y entornó los ojos hacia el cielo. No obstante la distancia entre los espectadores y el sacrificado, ellos, a ojos cerrados, pudieron ver todo cuanto acontecía: el grito del *nacom* invocando a los dioses, su brazo en alto sosteniendo el pedernal, los ayudantes templando el cuerpo, y el movimiento rápido del sacrificador hundiendo el pedernal, y luego su mano adentro, socavando, extrayendo el corazón del noble que al ser mostrado al público arrancó un clamor. Los dioses bebieron su sangre, se nutrieron, y el vocerío del pueblo exclamó sus peticiones y regocijo.

En breve el cuerpo de la víctima fue arrojado peldaños abajo, y ahí, otros sacerdotes lo desollaron y dieron su piel al *chilam* quien la tomó por atuendo y danzó solemnemente. Por haber sido la víctima un soldado valeroso, lleno de virtudes, varios comieron su carne para crear vínculos con él, y en tal acto fortalecieron su interior y permitieron que el espíritu del inmolado viviera en los corazones de los hombres a la vez que se había convertido ya en parte vital de los dioses.

En el mundo emotivo de Keh han quedado sellados varios sacrificios, y tales experiencias lo han llevado a conocer lo que es el paroxismo donde el regocijo y el dolor juntos purifican y subliman la trascendencia humana. Quedó hondamente impresionado cuando presenció un sacrificio por asaetamiento. Ahí, atado a una columna, un joven era dispuesto como ofrenda a los dioses. Su cuerpo desnudo, limpio de todo artificio, mostraba su nobleza y bondad. A su alrededor, los danzantes sostuvieron un baile que se inició con lentitud y que fue adquiriendo celeridad. Llevaban arcos y flechas y un canto les iba indicando en qué momentos debían flecharlo. Las saetas penetraron en el cuerpo con todas las pausas que el rito requería. La sangre chorreó como un manantial que tarda en abrirse, líquido rojo divinizándose en contraste con la piel pintada de azul. Y para finalizar con aquella agonía, bajo una orden, los arqueros lanzaron las saetas justo en la marca blanca pintada en su pecho para hacer más visible el lugar de su corazón. Fue esta escena una de las primeras que pintó Keh en uno de los códices, no sin antes haberla presenciado y haber estudiado en los libros el significado que tenía.

Ahora Keh asiste a un sacrificio en el Cenote Sagrado. Primero en el gran castillo, se oficia las ceremonias preliminares. Se ofrendan a los dioses con cantos y danzas. Más de ochocientas personas agitan en los aires banderas de papel. *Ahau Can* el supremo sacerdote pronuncia una retahíla de oraciones, mismas que repiten los *Ah Kines*. Los danzantes parecen llevar en sus corazones el misterio que encierran los pájaros, pues sus penachos se mueven al ritmo de la música como si ésta fuera su propio lenguaje, como si desconocieran las palabras y sólo tuvieran para expresarse el canto de las aves y el murmullo de los plumajes. Hay gran precisión en sus pasos ya que imitan el orden de los astros, su trayectoria, su perfecto equilibrio. Concluidos los preliminares, se inicia la procesión por la calzada blanca que conduce al cenote. Al frente van los sacerdotes seguidos de varias mujeres, hombres y niños quienes han de ser los sacrificados. Bellas lucen las doncellas, dignos los ancianos, viriles los guerreros, y los niños van cantando y saltando pues se les ha dicho que abandonarán esta vida para retornar al ámbito de los dioses. Atrás un grupo de guerreros cuidan del orden. El pueblo se desplaza en líneas paralelas justo en los bordes del camino. Una vez llegados al cenote, las víctimas entran al baño de vapor que está adjunto, y ahí son purificadas nuevamente, mientras el pueblo, a la expectativa, continúa con cantos y danzas.

Ya salen los *Ah Kines* con el séquito de los próximos inmolados. Ya los recibe el *nacom* en la plataforma. Ya la gente avienta *pom* y jades a las aguas sagradas, y finalmente, uno a uno son arrojadas las víctimas. Caen a su profundidad y en los lodos del fondo han de mirar a *Chaac,* el dios del rostro de jade. Todo parece haber concluido, cuando de pronto emerge una de las doncellas. Se ha salvado, los dioses le han dispensado la vida, y ha salido a flote como digna mensajera. Un nuevo clamor irrumpe en los aires. Ah Tzab, junto con otros compañeros, se apresura a aventarle las lianas, y mucho tarda la doncella en poderse aferrar a ellas, pero lo logra y los hombres tiran fuertemente recuperando el cuerpo. En una parihuela hecha con espadaña y ramas de ceiba, es transportada a una de las casas sacerdotales. Hasta ahí se desplaza el pueblo y permanece mudo hasta ser informado del mensaje divino. No obstante el paso de las horas y la ansiedad de tantos ahí presentes, hay una atmósfera similar a la calma chicha. *Ahau Can* aparece en el umbral y comunica al pueblo el mensaje del dios *Chaac:* "nuestros jades se han integrado al rostro del Señor de la Lluvia, quien nos ha comunicado a través de la doncella su plenitud, su contento. Hay alegría entre los dioses por nosotros. Saborean nuestras ofrendas y prometen protegernos con sus dones". Una lluvia leve, noble, desciende sobre los rostros de los espectadores. Gritos de gozo ascienden de la tierra a los cielos, y de nuevo los cantos y las danzas forjan sonoramente la gratitud de los hombres. Varias horas dura el jolgorio; la muchedumbre empapada explaya sus buenos sentimientos, hasta que finalmente, poco a poco, se va dispersando para buscar el resguardo de sus hogares.

La vida en Chichén Itzá es eminentemente ceremonial. A través del rito se cristaliza el pensamiento, cuajan los conceptos, se mantiene el orden cósmico. La excitación ha sido excesiva durante el día, y no obstante de estar extenuados, los jóvenes comentan lo acontecido y hacen un recuento de las distintas ceremonias vividas. Recuerdan así las de año nuevo que se efectúan durante el mes *Uayeb,* o sea los cinco días aciagos. Se les rinde culto a los portadores del año quienes cargan sobre sus espaldas el tiempo y los sucesos. Estos pueden ser *Kan,* que está asociado con el este, los años *Muluc* con el norte; los años *Ik* con el oeste, y los años *Cauac* con el sur. Todo se dispone para reverenciar a los *Bacaboob,* patrones y agüeros de sus años correspondientes, así como a los *Uayeyaboob.* En los días aciagos la gente está propensa a volverse loca, a oscurantizarse, a perder su rostro, porque es tiempo en que por brevedad se retorna al caos. Son días asociados con la muerte pues ahora es el tiempo mismo el que está en declinación. Las cosas nefastas están al acecho. Por ello la gente se recoge en sus casas, se oculta de las malas energías. Ahí barren los pisos, pintan de nuevo las paredes, afilan los cuchillos, destruyen todos los viejcs enseres. A las últimas horas del *Uayeb,* presididos por los grandes sacerdotes y los *chaques* se congregan todos en el basurero público para quemar y enterrar estos despojos. Así se despide el año que es devorado por la muerte y la gente queda predispuesta para un renacer. En momentos así es cuando se vuelven a pintar los edificios, se restauran los murales, se adosan nuevas estructuras. Las labores artesanales, ya de textiles o de cerámica, son exhaustivas.

Cada mes del año tiene su fiesta correspondiente. En el primer mes, *Pop,* se celebra el recomienzo. Tras haber ayunado durante los *Uayeb,* haber padecido todas las mortificaciones esenciales, se inician los exorcismos, las expulsiones de los misterios abominables, preludio obligado en toda fiesta para conseguir claridad de pensamiento. Nuevos *chaques* son elegidos y son ellos quienes prenden el fuego nuevo y queman *pom* en los sahumerios dedicados a todos y cada uno de los dioses, y después terminan bebiendo *balché* hasta embriagarse. En esta fiesta se les rinde culto a todos los dioses sin excepción, y el patrono es la deidad jaguar.

En el segundo mes, *Uo,* cuyo patrón es el dios del número 7, los sacerdotes, *Ah Kines, Chilam Balames* y demás agoreros festejan a *Kinich Ahau Itzamná.* La fiesta recibe el nombre de *Pocám.* Se purifican los libros con una substancia disuelta en agua virgen, esto es, procedente de lugares a los que no tienen acceso las mujeres. Después se procede a pronunciar los pronósticos para el año en curso y se exponen las necesarias predicciones. Todo concluye, con una danza llamada *Okot uil.*

En el mes *Zip,* cuyo patrono es el dios Serpiente, la fiesta se divide en tres motivos diferentes. Los médicos y los curanderos rinden culto a *Ixchel, Itzamná, Cit Bolon Tun* y a *Ahau Chameh,* deidades de la medicina. Por su parte los cazadores ofrendan a *Acanum* y a *Zuhuyzipitabai,* dioses protectores de su oficio. Danzan simulando eventos de cacería e imitan animales. Los pescadores piden ser favorecidos por *Ah Kak Nexoy, Ahpuá* y *Ahcit Dzamalcum,* dispensadores del éxito en las pesquerías. La danza correspondiente se llama *Chohom,* y en ella se lucen muchas conchas, y suenan como nunca los caracoles marinos. Muchos son los sacrificios humanos que en ella se llevan a cabo, asegurando así tanto el sustento de los dioses como también el de los hombres.

En el mes de *Tzotz,* cuyo patrón es el murciélago, no se realiza fiesta alguna, sino que es un tiempo de preparativos, de ayuno, de purificación, especialmente para los apicultores quienes han de celebrar su fiesta en el mes siguiente.

El mes *Tzec* tiene como patrono al dios del día *Cabán.* Es entonces cuando se festejan a los *Bacaboob,* y particularmente a *Hobnil bacab* de los años *Kan.* Todos los ritos practicados son incruentos, con el propósito de conseguir miel en abundancia.

*"Al vencedor quien supervisa la acción
militar de su victoria, y cómo sus guerreros
someten al cautiverio a los vencidos..."*

Las ceremonias celebradas en el mes de *Xul* están dedicadas a Kukulcán. En todas las ciudades que tienen templos en su honor, acuden procesiones llevando banderas simbólicas de ricas plumas. El día 16, por la tarde, después de someterse a ayunos y mortificaciones prescritos, se inicia la reconsagración de los ídolos. Esta fiesta que se llama *Chic Caban,* dura cinco días con sus noches, y nadie puede abandonar el templo excepto los comediantes que van de un lado a otro escenificando el drama mítico de Kukulcán. La comida se cocina sin sal ni chile.

Yaxkin es otro de los meses de preparación. Su patrono es el sol y por lo tanto se le asocia con el lucimiento de las cosas y el esclarecimiento de las ideas. Varios son los días propicios para la meditación.

Mol es el mes que tiene como patrón al dios Viejo y las celebraciones son en honor de todos los dioses. Mucha atención se pone a los niños quienes participan en múltiples ritos relacionados con los oficios. Se les inicia en sus futuros menesteres, para que cuando sean mayores, sean expertos y amen su trabajo correspondiente. Los apicultores llevan la parte más hermosa de la fiesta, pues a ellos se deben el sinnúmero de flores que la adornan y que tienen como fin el que los dioses den sustento a las abejas. Es también el mes en que se hacen ídolos, la mayor parte de ellos de madera. Para animarlos de la numinosidad que representan, muchos son los seres inmolados, cuyas vidas ofrendadas atraen la presencia de los dioses. Esta fiesta recibe el nombre de *Olob zab kam yax.*

El mes de *Chen,* que tiene como patrono a la luna, se dedica a los dioseros. Los ídolos que han sido elaborados durante el mes anterior se sacralizan y se ponen en uso en los lugares destinados para su culto. Aquellos que los poseen resarcen a los artesanos que los fabricaron con ofrendas de pájaros, animales o cacao.

El mes de *Yax* tiene como patrón al planeta Venus. La fiesta que se realiza tiene como nombre *oc ná* y está dedicada a los *Chaques* o dioses de las milpas. Es también conocida como fiesta de la renovación del templo. Se cambian los ídolos de barro y sus correspondientes incensarios, se erigen lápidas conmemorativas de la ceremonia.

El patrono del mes *Zac* es el dios del *uinal* o periodo de 20 días. La fiesta es dedicada a *Acanum* y a *Zuhuyzipitabai* para aplacar su cólera por la sangre derramada y la mortandad de animales durante las cacerías. Es cuando se hacen votos de jamás matar un animal por el simple gusto de hacerlo, sólo cuando lo justifique la necesidad de sustentarse. Mucho se lamentan los cazadores por haber tenido que matar, y entre los lamentos hacen piruetas e imitan a los animales, y cantan en honor de ellos.

En el mes de *Keh*, cuyo patrono es el Fuego Nuevo no se festeja nada, pero está relacionado con el transcurrir del tiempo, los ciclos que se cierran y se abren, los manojos de días y años.

Un dios Joven es el patrono del mes. *Mac.* En la celebración se rinde culto a los *Chaques* y a *Itzamná*, con el fin de conseguir lluvias para el maíz. Es una festividad completamente agrícola en la que los ancianos participan en los actos, simbolizando las tierras agotadas. Dos días antes de la celebración se lleva a cabo el rito *Tupp Kak* que está relacionado con el *Tzolkin*, calendario sagrado.

Durante el *Kankin* nada se festeja excepto el cotidiano culto a los dioses. En el mes de *Muan*, también presidido por un dios Joven, celebran su festividad los dueños de las plantaciones de cacao y está dedicada a los dioses *Ek Cuah, Chac* y *Hobnil*. En el siguiente mes llamado *Pax* se lleva a cabo el *Pacum Chac* en la que se reúnen señores y sacerdotes de los pueblos pequeños que circundan a una ciudad predominante, y juntos velan durante cinco noches en el templo del dios *Cit Chac Coh* para predisponerlo a favorecer con la victoria en las guerras. El *nacom,* capitán, es paseado por la ciudad con gran pompa, y frente a él se lleva a cabo la danza marcial *Holkan Okot*. En los meses de *Kayab* y *Cumkú* se celebran en las casas de los señores principales y de los ricos varias fiestas llamadas *Sabakil Than*.

Recordando todas las ceremonias, los jóvenes reconocen el carácter suntuoso que requieren. Aunque son similares, es fácil saber de qué ceremonia se trata con sólo mirar los atuendos, o a quienes la presiden. Distintos también son los tipos de ritos y danzas. La música es, desde luego, el elemento que más vitaliza estos eventos. Mucho lucen los músicos que tocan los *tunkules*. Este tambor se hace con un tronco hueco, por lo regular de madera de zapote, con una apertura en la parte que sirve de asiento, y dos lengüetas en la parte superior. Cada una de ellas produce un sonido diferente al ser golpeada por unas bolas de hule. Algunos de ellos están hermosamente labrados y son de tal resonancia que pueden ser escuchados a grandes distancias. Otro instrumento similar es el *zacatán*, tambor grande y cilíndrico, hecho también en un tronco ahuecado con una sola abertura recubierta con piel. Las conchas de tortuga son repercutidas con astas de venado. Trompetas largas y delgadas, flautas de caña, madera, hueso y barro, caracoles marinos, ocarinas y silbatos, constituyen los instrumentos de viento. Hay otros complementarios como las sonajas, raspadores de hueso, conchas marinas y cascabeles. La música es pentafónica y lo suficientemente severa y precisa como lo requieren los rituales.

11

El origen

Un gozo interno y majestuoso anida en los corazones de los itzáes. El pueblo entero está ya enterado de la llegada de Sactenel, un viejo sabio quiché procedente de las tierras altas. Es tan respetado que le han dado el nombre de un dios: Sactenel, "el de la flauta blanca". Es poseedor de una memoria prodigiosa. El sabe todo lo que ha acontecido desde el origen. El es la memoria que captura al tiempo y a los hechos, la que los graba y luego los habla, los dice, los comunica. El es la historia. Cada siete años viene a Chichén Itzá para enseñar aquello que sabe y que no se debe perder en la oscuridad del olvido y de la ignorancia.

En cuanto suenan los *tunkules* y los caracoles, la gente murmura por todas partes: "ya llegó el gran Sactenel, ya llegó el que sabe quiénes fueron los primeros hombres, nuestros ancestros; el que sabe los misterios de las generaciones pasadas y el orden de los reinados". A Sactenel y a otros sabios semejantes, se les debe el conocimiento sobre esas ciudades que fueron fundadas en lejanas épocas de esplendor. Esas que hoy están ya deshabitadas, esas que son ya ruinas, que empiezan a ser devoradas por las yerbas, y también aquellas que se visitan para grandes ceremonias.

En la casa comunal, los jóvenes han ayunado durante siete días; ahí se han purificado, ahí han padecido en silencio, ahí se han preparado para escucharlo. No es cosa fácil entender el transcurrir del tiempo, pero en los jóvenes hay la voluntad de aprender. Sactenel habla otra lengua, la de los quichés; no es muy parecida a la que se habla en Yucatán, no obstante habrá que prestarle absoluta atención para comprender cada una de sus palabras, poderlas repetir y no olvidarlas jamás. Lo que hoy escucharán los jóvenes, lo repetirán a sus hijos, y éstos a su vez harán lo mismo con sus criaturas. De generación en generación se heredará el conocimiento. He aquí la fuerza que la palabra tiene en el tiempo. Por ella, la tradición no se rompe ni se desgaja. Se hace eterna.

Primeramente, Sactenel es acogido por los grandes hombres, los *kines, chilames,* los que tienen el sol, la sabiduría, el señorío. Reunidos todos en la gran crujía, lo reverencian y lo escuchan. Sactenel pasa su vida recorriendo ciudades y por ello es que instruye sobre lo que acontece en otras partes. Sólo le basta hablar con aquel que posee el sitial, la estera de mando, para saber qué próximo futuro le espera a su pueblo. Es sabio y por ello los gobernantes atienden a sus consejos. Ahora está ahí, hablando con el *Halach uinic.* Le dice que la paz que ha durado por tantos años, puede terminar si la Confederación Mayapán-Chichén Itzá-Uxmal no mantiene la armonía debida. Ya los *chilames* y los agoreros que asoman sus ojos en las aguas de los cenotes sagrados, mencionan posibles guerras. Sactenel conoce el pasado, desde el origen, y el

*"Por tres de sus costados una
gran muralla protege a la ciudad de las
invasiones, y por el otro, está flanqueada por
el muro natural de rocas bañadas de mar ..."*

futuro no le es desconocido. Incluso habla de hombres blancos y barbados que vendrán tras cruzar las grandes aguas y que serán señores de estas tierras y de esta gente. Así los prepara con el objeto de que no sean sorprendidos, y tengan la capacidad de aceptar aquello que cargan los Señores del Tiempo y que descargarán en años futuros.

Aparece la primera claridad en el cielo, apenas empieza a extenderse, a dar luz a las cosas, a hacerlas visibles. Los jóvenes están ya dispuestos a gozar de la presencia de Sactenel. El viejo sabio entra y todos ellos agachan la cabeza y luego ríen sonoramente para hacerle saber que es motivo de regocijo. Los jóvenes tienen limpios los oídos, alertas. Al frente de ellos está una estera para que él se siente, pero el anciano prefiere caminar, ir y venir mientras habla. Así comienza a contar cómo fue el origen, y éstas son sus palabras:

"El origen fue la quietud. Primero sólo el cielo existía sin contenido de vida. Tan apacible era que parecía no estar. Luego, sólo estaban el mar en calma y el cielo en toda su extensión. No se manifestaba la faz de la tierra. Aún no había ningún hombre, ningún pájaro, ningún pez. No había cangrejos, árboles, piedras, cuevas, barrancas, hierbas ni bosques. Aún lo maravilloso no estaba hecho. Solamente había inmovilidad y silencio en la oscuridad, en la noche total. Sólo el Creador, el Formador, *Tepeu, Gucumatz,* los Progenitores, estaban en el agua rodeados de claridad. Estaban ocultos bajo plumas verdes y azules por eso se les llama *Gucumatz.* De grandes sabios, de grandes pensadores es su naturaleza. De esta manera existía el cielo y también el Corazón del Cielo, que éste es el nombre de Dios".

Y terminando de decir esto, el anciano hace una larga pausa. Camina entre los jóvenes, ve el asombro en su rostros, comprueba su sensibilidad ávida de conocimiento. Todos guardan silencio, apenas y se oyen los resuellos, y siguen con su mirada los serenos pasos del anciano. De nuevo toma la palabra, ahora en el maya que se habla en la ciudad de Chichén Itzá. Todo lo repite, palabra por palabra, gesto por gesto. Y vuelve a recomenzar, de nuevo en quiché, repitiendo exactamente lo que ha dicho. Y luego, hace pasar al más pequeño de todos para que repita sus palabras, y el joven, con titubeos y ciertas lagunas, repite más o menos lo que ha dicho Sactenel. Y luego pasa a otro muchacho, lo sienta en su estera para que repase. Y luego otro rectifica. Y luego varios lo pronuncian en coro, y después todas las lenguas se hacen una, y la memoria se ejerce. Finalmente el viejo retoma sus primeras palabras y continúa:

"Llegó aquí entonces la palabra, vinieron juntos *Tepeu* y *Gucumatz*, en la oscuridad, en la noche, y hablaron entre sí *Tepeu* y *Gucumatz*. Hablaron, pues, consultando entre sí y meditando; se pusieron de acuerdo, juntaron sus palabras y su pensamiento. Este es el origen de la armonía. Y de tal armonía, del convenio, comenzó a surgir la vida.

"Entonces se manifestó con claridad, mientras meditaban, que cuando amaneciera debía aparecer el hombre. Entonces dispusieron la creación y crecimiento de los árboles y los bejucos y el nacimiento de la vida y la creación del hombre. Se dispuso así en las tinieblas y en la noche por el Corazón del Cielo, que se llama Huracán.

"Tres son los que conforman el Corazón del Cielo. El primero se llama *Caculhá-Huracán*. El segundo es *Chipi-Calculhá*. El tercero *Raxa-Caculhá*. Y estos tres son el Corazón del Cielo".

En su boca anida el silencio; es la pausa necesaria. Camina de nuevo entre los jóvenes. Los mira hacia lo profundo. Los inquiere con sólo verlos. Los nutre al mirarlos. Repite ahora en el maya de Chichén Itzá. Y luego pasa a uno, y luego a otro, y después a varios, y luego repiten en coro y él reafirma con una última repetición, y continúa adelante:

"Entonces vinieron juntos *Tepeu* y *Gucumatz;* entonces conferenciaron sobre la vida y la claridad, cómo se hará para que aclare y amanezca, quién será el que produzca el alimento y el sustento.

"¡Hágase así! ¡Que se llene el vacío! ¡Que esta agua se retire y desocupe el espacio, que surja la tierra y que se afirme! Así dijeron. ¡Que aclare, que amanezca en el cielo y en la tierra! No habrá gloria ni grandeza en nuestra creación y formación hasta que exista la criatura humana, el hombre formado. Así dijeron.

"Luego la tierra fue creada por ellos. Así fue en verdad como se hizo la creación de la tierra: ¡Tierra!, dijeron, y al instante fue hecha.

"Como la neblina, como la nube y una polvareda fue la creación, cuando surgieron del agua las montañas; y al instante crecieron las montañas.

"Solamente por un prodigio, sólo por arte mágica se realizó la formación de las montañas y los valles; y al instante brotaron juntos los cipresales y pinares en la superficie.

"Y así se llenó de alegría *Gucumatz,* diciendo:

"¡Buena ha sido tu venida, Corazón del Cielo; tú, Huracán, y tú, *Chipi-Caculhá, Raxa-Caculhá!*

"Nuestra obra, nuestra creación será terminada, contestaron".

Otra vez la pausa, el silencio de Sactenel, y luego hace que los jóvenes repitan, y así se cumplen los ejercicios de nemotécnica, el arte de la retención. Todo parece estar grabado en sus mentes. Sus lenguas responden con certeza. Tal es el interés, tal el asombro, tal el deseo de guardar el conocimiento. Sactenel continúa y dice:

"Así fue la creación de la tierra, cuando fue formada por el Corazón del Cielo, el Corazón de la Tierra, que así son llamados los que primero la fecundaron, cuando el cielo estaba en suspenso y la tierra se hallaba sumergida en el agua. De esta manera se perfeccionó la obra, cuando la ejecutaron después de pensar y meditar sobre su feliz terminación".

Es ya la hora de tomar alimentos, en todas partes se sustentan, pero no aquí, en la Casa de los Jóvenes donde se prolonga el tiempo del estudio. En ellos no hay desesperación por el alimento, están instruidos para ayunar. Hay, sí, una avidez por continuar el aprendizaje. Ellos ahora parecen cántaros donde se vierte agua. Así caen las palabras de Sactenel en su pensamiento, como agua que los aclara, como semillas que los fecunda. De la misma manera que antes, con repeticiones continuas, les cuenta cómo los dioses progenitores hicieron los primeros animales, aves y reptiles, peces y mamíferos. Distintos eran unos de otros: ya algunos de ellos corrían y brincaban por la tierra, ya se arrastraban en ellas los reptiles, los peces vivían en las profundidades del agua, y otros se sostenían en los aires y avanzaban por ellos. Pero estos seres, preciosos por su vitalismo, no eran aptos para la palabra, sólo graznaban, aullaban, emitían cacareos o chillidos. No eran aptos para el pensamiento, no eran aptos para venerar a los dioses, sus creadores. Y por ello, las deidades supieron que aún no habían creado el ser perfecto capaz de rendirles culto, de hablar e invocarlos. Por ello decidieron que éstos deberían encontrar su alimento y sus nidos en los barrancos y en los bosques. Y les dieron como destino el que se devoraran unos a otros a fin de sustentarse. Inmolaron sus carnes y les dieron por suerte que fueran matados en la faz de la tierra.

Y así, los dioses, necesitados de adoración, de reverencia, de alguien que los recordara en la tierra y los sustentara, de arcilla hicieron la carne del hombre. Y esto es lo que repiten los jóvenes: "pero vieron que no estaba bien, porque se deshacía, estaba blando, no tenía movimiento, no tenía fuerza, se caía, estaba aguado, no movía la cabeza, la cara se le iba para un lado, tenía velada la vista, no podía ver hacia atrás. Al principio hablaba, pero no tenía entendimiento. Rápidamente se humedeció dentro del agua y no se pudo sostener". De esta manera los jóvenes saben ya del primer esfuerzo divino por crear al hombre, saben que esa primera obra fue deshecha, y que para perfeccionarla llamaron a *Ixpiyacoc, Ixmucané, Hunahpú-Vuc, Hunahpú-Utiú.* Y así, "los abuelos del alba, de la claridad", los agoreros, los adivinos echaron suertes, meditaron y se consultaron. Y es esto lo que repiten los jóvenes: "dad a conocer vuestra naturaleza, *Hunahpú-Vuc, Hunahpú-Utiú,* dos veces madre, dos veces padre, *Nim-Ac, Nimá-Tziís;* el Señor de la esmeralda, el joyero, el escultor, el tallador, el Señor de los hermosos platos, el Señor de la verde jícara, el maestro de la resina, el maestro *Toltecatl;* la abuela del sol, la abuela del alba, que así seréis llamados por nuestras obras y nuestras criaturas. Echad la suerte con vuestros granos de maíz y el *tzité.* Y la vieja llamada *Chiracán Ixmucané* y el viejo del *tzité* llamado *Ixpiyacoc,* tras echar la suerte, dijeron que estaba bien tallar en madera los ojos y la boca del hombre. Y así hicieron su nueva creación.

Hacia el fondo de los siglos viaja el pensamiento de los jóvenes aprendices, allá está su mente con los dioses del principio. Los ven tallando madera, tallando sus muñecos de palo. De un árbol llamado Pito se utilizó su madera para tallar al hombre, mientras que la carne de mujer fue hecha de espadaña. Y su pensamiento, ahora cada vez más entendido en el origen, acierta en cómo los hombres de palo poblaron la superficie de la tierra. Hablaban, pero no tenían alma ni razón. Se multiplicaban, tuvieron hijas e hijos, pero caminaban sin rumbo y a gatas. Sus caras eran enjutas; sus pies y sus manos no tenían consistencia. No tenían sangre, ni sustancia, ni humedad, ni gordura. Amarillas eran sus carnes. Y es esto lo que repiten los jóvenes: "pero no pensaban, no hablaban con su Creador, su Formador, el que los había hecho, que los había creado. Y por esta razón fueron muertos, fueron anegados. Una resina abundante vino del cielo. El llamado *Xecotcovach* llegó y les vació los ojos; *Camalotz* vino a cortarles la cabeza; y vino *Cotz-balam* y les devoró las carnes. El *Tucumbalam* llegó también y les quebró y mallugó los huesos y los nervios, les molió y desmoronó los huesos".

De esta destrucción del segundo intento divino por la creación del hombre, los jóvenes ríen cuando se enteran que las piedras de moler y los animales se revelaron contra ellos, que reclamaron las

*"Mucuy sabe preparar el maíz
en varias formas: tortillas (uah), atole
(za), pozole (keyem), pinole (kah)..."*

torturas sufridas y los torturaron, y que les devolvieron todo lo que les habían hecho. Las piedras de moler los molieron, los comales los quemaron, y los animales los apalearon y destrozaron sus caras y sus cuerpos.

Horas han pasado en esta instrucción sobre el origen. La noche se ha adueñado de la tierra. Hay fatiga en los jóvenes pero no rendimiento. No obstante Sactenel les sugiere dejar para el día siguiente la continuación del relato. Un murmullo inquietante surge en la crujía. Están ansiosamente interesados en llegar a la obra acertada de los dioses, a la creación definitiva del hombre. Sactenel sonríe y dispone un descanso, que todos se levanten, que caminen, que desentumezcan sus piernas. Y los muchachos van y vienen, remolinean, discuten, comentan. Mucho les ha impresionado la soberbia de *Vucub-Caquix* el que se creía el sol y la luna, el que se envanecía sin serlo, y cómo a causa de esta vanidad cuando aún no estaban en el cielo los rostros del sol, de la luna y de las estrellas, se desató en castigo el diluvio que mató a los muñecos de palo, a los enceguecidos por falta de entendimiento. En esta conversación, mucho más ligera pero no por ello de menos interés, Sactenel les cuenta cómo dos deidades jóvenes, *Hunahpú* e *Ixbalanqué,* decidieron dar fin a *Vucub-Caquix* que vanamente se creía el sol, y a sus hijos *Zipacná* quien se decía hacedor de los montes, de la tierra, y a *Cabracán* que decía ser el estremecedor del cielo y de la tierra. Con cerbatanas, cuando comían, cuando se disputaban la grandeza, fueron muertos. Y tras numerosas hazañas, vengados el sol y la luna de tantas vanidades, hubo por fin claridad, porque uno se convirtió en el verdadero sol, y el otro en verdadera luna; los cuatrocientos muchachos luminosos que los ayudaron, que fueron asesinados por *Zipacná,* ascendieron también para acompañarlos, convertidos en estrellas. Todas estas hazañas se las cuenta y los adolescentes aprenden y se sobrecogen ante las dificultades habidas en el principio. En eso están, cuando unos hombres entran para darles de comer. Cada quien recibe tortilla y media y un tarro de atole hecho con maíz y cacao. Comen despacio, porque la prisa en el comer revela abuso y poca consideración al valor del sustento. Al terminar, todos meditan, vuelven a limpiar sus oídos, y se disponen a continuar con la enseñanza.

Sactenel cuenta que fueron *Yac* (el gato montés), *Utiú* (el coyote), *Quel* (la cotorra) y *Hoh* (el cuervo), quienes le dieron a los dioses la noticia de la existencia de las mazorcas blancas y amarillas que se daban en *Paxil* y en *Cayalá*. Ellos les enseñaron el camino de estas tierras de abundancia. Y así encontraron el sustento, la comida, y ésta fue la que entró en la carne del hombre, con ella lo crearon; ésta fue su sangre. Moliendo las mazorcas blancas y amarillas, *Ixmucané* hizo nueve bebidas, y de este alimento provinieron la fuerza y la gordura y con él crearon los músculos y el vigor del hombre. Unicamente maíz entró en la carne de nuestros padres, los cuatro hombres que fueron creados.

Con entusiasmo los jóvenes repiten: "...el primer hombre fue *Balam-Quitzé*, el segundo *Balam-Acab*, el tercero *Mahucutah* y el cuarto *Iqui-Balam*. Estos son los nombres de nuestras primeras madres y padres".

"Una vez creados —agrega Sactenel— sus Formadores los enviaron a mirar el mundo. Y ellos hablaban, se entendían entre sí, caminaban, admiraban la creación. Estaban dotados de tal inteligencia que alcanzaron a ver todo cuanto existía, lo divino y lo terrestre. Eran sabios como los dioses pues entendían al universo entero. Por esta razón, los dioses se congregaron de nuevo y esto decían: "¿qué haremos ahora con ellos? ¡Que su vista sólo alcance a lo que está cerca, que sólo vean un poco de la faz de la tierra! ¡No está bien lo que dicen! ¿Acaso no son por su naturaleza simples criaturas y hechuras nuestras? ¿Han de ser ellos también dioses? Tal fue el terror de las deidades de ver a sus criaturas demasiado semejantes a ellos, que decidieron cambiar su naturaleza. El Corazón del Cielo les echó un vaho sobre los ojos, los cuales se empañaron como cuando se sopla sobre la luna de un espejo. Sus ojos se velaron y sólo pudieron ver lo que estaba cerca, sólo era esto claro para ellos. Así fue destruida su sabiduría y todos los conocimientos de los cuatro hombres, origen y principio de mi raza".

Demasiada es la consternación. Demasiado el llanto interno de saber el por qué de la corta vista del humano, de su pequeño entendimiento. Demasiada nostalgia por aquellos que al menos al principio, pudieron ver y entender todo cuanto es el universo y el mundo divino. Al ver los rostros entristecidos de los jóvenes, Sactenel exclama: "¡no estamos ciegos, y demasiadas son las cosas a nuestro alcance! Abundante es todo lo que debemos comprender, demasiada belleza, demasiado misterio. Extensas son las tierras para recorrer, inmensas las aguas para navegar, múltiples los rincones para descubrir. Grande es la tarea del hombre. Harto nos ha sido concedido. No sólo nos acomodamos en la tierra sino que construimos en ella. Somos dueños de nuestras propias creaciones, de nuestros inventos. Si les parece pequeña esta fortuna, quiero decirles que mucho falta por ver, mucho falta por hacer. Si los dioses nos han quitado la inteligencia absoluta, esa que es propia de las divinidades, nos han dado la humana que aún no ha rebasado sus propios límites".

Terminando de decir esto, Sactenel sale del recinto con un aire en el que se conjugan la humildad y el acuerdo consigo mismo. Se va con toda placidez, con un andar en la tierra que muestra la absoluta gratitud a sus dioses y creadores.

12
En busca del origen de Chichén Itzá

Keh desplaza su mirada por los murales (templo superior de los Jaguares) que describen interesantes escenas de las batallas de los itzáes. Ahí están los antecedentes de la fundación de Chichén Itzá. Una secuencia narrativa representa a los señores que, compartiendo una herencia chontal (putun) común, y que siendo militaristas y comerciantes, compitieron entre sí, primero por el rico botín del Petén y más tarde por Chakanputun y el subsecuente control del área.

El protagonista y el antagonista del drama aparecen repetidas veces en todas las escenas, y su importancia se hace notar al haber sido pintados en mayor tamaño que el resto de los participantes, significando así sus altas jerarquías. Ambos se distinguen por sus tocados y emblemas. Al protagonista le corresponde el de la Serpiente Emplumada, mientras que el antagonista tiene como emblema simbólico un Disco Solar y además porta una máscara de Chaac. Varias de las imágenes presentan una serie de posiciones que aluden a un manual de artes marciales, y las hazañas militares son tan claras, que resulta fácil para Keh reconstruir en su pensamiento todos esos acontecimientos sucedidos a través de distintos periodos. Hay escenas de acecho, de combates, de sacrificios humanos y muestran la conquista de un pueblo que incluso es saqueado.

A Keh le llama la atención la escena donde el capitán antagonista le rinde homenaje al vencedor, quien supervisa la acción militar de su victoria, y cómo sus guerreros someten al cautiverio a los vencidos. Muchos son los hombres desnudos y maniatados, conducidos al sacrificio. De gran dramatismo es la secuencia de la conquista y del exilio. Mujeres desesperadas, cargando sus pertenencias en la espalda, abandonan el pueblo. Ante todo, resulta importante el hecho de que los dos capitanes contrincantes son representados con el mismo vigor, grandiosidad y magnificencia de investidura, y hay un último gesto de cierta reconciliación, lo que muestra que a pesar de que el antagonista haya perdido, se le reconoce su inteligencia.

Otro aspecto de sumo interés son los distintos paisajes de fondo, y al observar sus características, Keh reconoce en ellos lugares como el terreno montañoso de las bajas y escarpadas colinas rojas (posiblemente en Tabasco o el sur de Oaxaca); las tierras bajas centrales (el Petén de Guatemala) y el paisaje calcáreo de su tierra natal (Península de Yucatán).

En estos murales es evidente la maestría del dibujo con el perfecto dominio del colorido, y cumplen a la vez con dos funciones, una altamente decorativa por su belleza y otra didáctica por el

Check Out Receipt

McKinley Park

Monday, October 9,
2017 5:51:39 PM

Item: R0135800193
Title: Así vivieron los
mayas
Due: 10/30/2017

Total items: 1

Thank You!

1145

*"Durante un año, Keh ha trabajado,
asesorado por astrónomos y chilames, en un
códice donde una tabla cronológica y con glifos
precisos contiene sesenta y nueve fechas..."*

contenido. El arte maya es subjetivo, hierático y eminentemente simbólico. Está sujeto a cánones estéticos propios de esta cultura, y la expresión del artista está restringida en alto grado hacia una serie de variaciones que siempre deben manejar los símbolos implícitos en el conocimiento. Al pintar a un dios, es necesario hacerlo con todos sus atributos y parafernalia para que pueda ser identificado. Es decir, la mayoría de los símbolos operan como instrumentos de identidad.

Sentado en el suelo, Keh pinta algunas figuras que acusan determinadas acciones y todos aquellos signos símbólicos, emblemas de personajes y ciudades, a fin de irse familiarizando con los trazos establecidos para las narraciones históricas. Mientras dibuja con soltura en sus papeles de amate, añade otros símbolos que considera pueden estar relacionados con los murales, pues ha de presentar un examen sobre su capacidad narrativa en el campo pictórico de los códices. Mentalmente repasa la historia de Chichén Itzá, y así narra que en el *Katún* 8 *Ahau* (159-179) un grupo de itzáes llegó a la región de Siyan Can Bakhalal (hoy Bacalar, Quintana Roo). En el siguiente *Katún* 6 *Ahau* (179-199) descubrieron Chichén Itzá (Boca del Pozo de los Itzáes) según la llamaron por sus cenotes, y la cual ocuparon tras abandonar Bakhalal. Ahí residieron durante un lapso de 60 *Tunes*. Se establecieron en el *Katún* 13 *Ahau* (238-258) permaneciendo ahí por 10 veintenas de *Tunes* (200 años, aproximadamente) y luego emigran hacia Chakanputun donde se establecieron el *Katún* 6 *Ahau* (435-455) y ahí se mantuvieron 13 veintenas de *Tunes,* y en el *Katún* 8 *Ahau* (672-692) regresaron a Chichén. Posteriormente durante dos veintenas de *Tunes, Katunes* 6 *Ahau* y 4 *Ahau* (692-731) los itzáes anduvieron errantes y es hasta el *Katún* 4 *Ahau* (711-731) que recuperan Chichén Itzá.

Representar las fechas es una labor nada fácil, pero Keh ha practicado lo suficiente como para llevarlas al papel sin error y lo más claro posible para evitar confusiones. Al glifo introductor, para destacarlo, lo pinta dos veces mayor que los otros que lo siguen, y en su parte central el elemento puede ser variable, en 19 formas diferentes según la representación del dios patrono del mes en que termina el cómputo de los días de la cuenta. Las unidades cronológicas de la Cuenta Larga se representan en las Series Iniciales de izquierda a derecha y de arriba para abajo en dos columnas o en una sola, pero siempre con los *Baktunes* a la cabeza. Los numerales se presentan por el punto y barra o por sus equivalentes en formas de "cabeza" o "cuerpos enteros". Los distintos periodos cronológicos son representados por sus jeroglíficos propios o también por los variantes anteriores. Es fácil conocer el numeral del día que debe acompañar al nombre. El total de días se divide entre 13, y cuando es exactamente divisible, el numeral correspondiente es igual al de la fecha 4 *Ahau* (cero). Cuando no es divisible, el residuo obtenido se suma a 4 (del 4 *Ahau)* y nos dará un resultado 13 o menor de 13 que indica el numeral que debe acompañar al nombre. Cuando la suma es mayor que 13, se le resta 13 para obtener el numeral correcto. La posición del día del *Tzolkin* en el mes se encuentra dividiendo el total de días transcurridos entre 365. Keh hace un ejercicio sobre una determinada fecha: 1.416,600, lo divide entre 365 y obtiene un cociente de 3881 y un residuo de 35; a partir de la posición 9 *Cumhú* corre 35 posiciones en el calendario *haab* para alcanzar la posición que corresponde y que es 18 *Pop*. Como del 9 *Cumhú* a la posición 0 *Pop* del año siguiente, hay 17 posiciones, al restar 17 del número del residuo (35-17) la resta da el numeral buscado (18) que forzosamente caerá en el primer mes *Pop* (18 Pop).

El uso de la Cuenta Larga fue muy común en la etapa de florecimiento, ya no se usa, pero Keh está obligado a conocerlo para poder obtener lecturas precisas de las inscripciones de los edificios más antiguos. Conoce también otro sistema más sencillo (datación de fin de periodo), método que indica sólo cierto periodo de tiempo específico y la fecha en que termina, así su expresión se reduce a tres jeroglíficos: número de un *Katún* o *Tun;* jeroglífico del día correspondiente del *Tzolkin* y, posición correspondiente en el mes.

Un ejemplo de ello es la fecha de fin de periodo *Katún* 16 —2 *Ahau*— 13 *Tzec,* corresponde a la Serie Inicial 9.16.0.0.0. 2 *Ahau* —13 *Tzec*—. La forma de inscripciones más usada en Chichén Itzá, está compuesta únicamente por fechas de Rueda Calendárica. Muchas de ellas aparecen en los dinteles como 8 *Manik* —15 *Uo*— (Dintel 2 de Las Monjas) y 9 *Lamat* 11 *Yax* (Templo de los Cuatro Dinteles en Chichén). Las fechas de rueda calendárica se repiten cada 52 años de 365 días. Otro método simple para fechar y que es el que utilizan los *Chilambalames* (Cuenta Media) es aquel en que una fecha dada se repite cada 256.25 años trópicos. Cuando se dice que en el *Katún* 8 *Ahau* se descubrió Chichén Itzá, 8 *Ahau* significa que el suceso ocurrió en un *Katún* o periodo de 20 años de 360 días (7,200 días) y que terminó en el día 8 *Ahau*. Los 13 numerales que le dan nombre a cada *Katún* de la serie y que preceden a la palabra *Ahau* siguen el posterior, riguroso e inalterable orden 13, 11, 9, 7, 5, 3, 1, 12, 10, 8, 6, 4 y 2. La razón de tal secuencia se debe a que hay que dividir el número de días de un *Katún* (7,200) entre 13; esto da un cociente igual a 553 y un residuo de 11. El residuo, añadido a un numeral cualquiera del día en que termina un *Katún,* produce el numeral inmediato, o sea el de *Ahau* que termina el siguiente *Katún,* pero no sin antes restar 13 de la suma antedicha en el caso de ser mayor que 13.

Por los estudios adquiridos y por las prácticas todo esto es algo sencillo para Keh, además de fascinante. Esta preocupación por registrar el tiempo es una de las formas de luchar contra la muerte. Como agua entre los dedos se va el tiempo, piensa Keh, pero la inteligencia lo puede fijar por medio de las matemáticas y grabarlo eternamente en una piedra. Las cosas del pasado están todas registradas y el tiempo puede mostrarnos su rostro.

Dedicado a todo tipo de ejercicios de cómputo y su representación, Keh es interrumpido por Ah Tzab, quien entra precipitado expresando en su rostro una gran angustia. "¡El niño se retarda en nacer —exclama—; la partera dice que ya debería haber nacido! Los dioses de la muerte le obstruyen el camino, no lo dejan venir a posarse en la tierra, no quieren que conozca la luz, las flores y los cantos. Tu madre está muy grave y debemos viajar a la isla de *Ixchel,* para que la diosa le dispense la vida, le abra camino".

Keh, preocupado por la salud de su madre, entristecido con la sola idea de que se frustre el nacimiento de su hermano, recoge con prontitud sus enseres de trabajo y sale del templo para acompañar a su padre en esa peregrinación, a través de la cual tienen la esperanza de recibir los favores de *Ixchel.*

13
Viaje a Cozumel y a Tulúm

La canoa es pequeña comparada con las que usan los guerreros en la que caben de treinta a cuarenta hombres que reman al unísono. Aquí sólo Otz y Ah Tzab se encargan de remar. Cuzam está acostada a lo largo de la canoa con la cabeza apoyada en Keh. El dolor que intenta disimular brota en gotas de sudor y a veces se explaya en largos lamentos muy quedos. La canoa se desliza sin dificultad en un mar cuya calma parece anunciar la quietud de la muerte. Ahí avanzan entre dos azules de aire y agua. No obstante la angustia que padece Keh ante el dolor de su madre, siente inevitablemente un gran goce producido por la inmensidad del mar que después de anhelarlo tanto hasta ahora conoce. En él se manifiesta la consorte de *Chaac,* la de la vestimenta de agua, la que se prodiga a sí misma como algo que crece en la infinitud.

Cuzam se ha quedado dormida y los remos rompen el reflejo de la luna que ha asomado su rostro y juega a manchar con luz a las aguas que ahora se muestran agitadas. En las olas danzan los astros, los dioses celestes parecen bañarse, depurarse, cobrar ánimo. En la distancia, una pirámide simula emerger del mar, insólita, alucinante. "Es Tulúm —aclara Ah Otz— antes se llamaba Zama, la ciudad de la aurora. En tiempos pasados, cuando moría el *Halach Uinic,* lo llevaban a enterrar en la isla de Jaina, lugar por siempre sagrado. De Tulúm partía el cortejo. Al frente iban los *Ah Kines* sahumeando el camino marino y pronunciando rezos y cantos. El muerto era conducido por su sucesor y el gran sacerdote. Les seguían los chilames y luego los guerreros. Todos ricamente ataviados. Los penachos tornasolados mudaban de colores con la intensidad de la luz. Bellos eran esos cortejos funerarios".

Nuevamente Cuzam gime y se retuerce presa del dolor. Los hombres apuran los remos. Es la avanzada contra la muerte, la lucha por la vida, y la canoa parece estar rodeada de distancias. Una corriente cuya fuerza es la misma desesperanza, impide que la canoa se desplace por el rumbo debido. Con ojos de súplica Keh mira fijamente a la luna y le imprime el ruego. Bondad hay en los dioses que ayudan a los humanos. La canoa rebasa la corriente y toma de nuevo el rumbo correcto. El aire es tibio, humedece y atenúa el miedo.

Apenas encalla la canoa en la isla, acuden varios hombres y mujeres a prestar ayuda. En una camilla de juncos transportan a Cuzam. Ya en el adoratorio de *Ixchel* la esperan el sacerdote y cuatro curanderos. Keh y Ah Tzab depositan las ofrendas, *pom* y jades, y luego, en autosacrificio se punzan los lóbulos de las orejas y la lengua. La sangre fluye y la diosa *Ixchel* desencadena sus beneficios. Cuzam rebasa su propio agotamiento. Los dioses del inframundo han dejado de amenazarla. Tras un grito que estremece

*"No obstante un amigo le entrega a Cuzam
un perro pequeño, blanco, para
asegurarle una compañía. Ah Otz, quien
ha terminado de cavar la fosa..."*

los aires, Cuzam da a luz una niña. La vida ha vencido a la muerte, pero Cuzam está débil por el esfuerzo inmensurable y la pérdida de sangre. Tendrá que quedarse unos días en Cozumel antes de poder hacer el viaje de regreso. Ahora la han metido al baño de vapor. Sobre las piedras hechas ascua, tiran agua y el pequeño recinto subterráneo se llena de vapores. Con yerbas medicinales le frotan y le golpean el cuerpo. Su sangre se activa, circula con rapidez, y en copioso sudor su cuerpo expulsa los males. Los rezos de las curanderas mueven hacia ella las fuerzas benéficas de los dioses.

Ah Tzab se queda en Cozumel cuidando de la recuperación de su esposa, mientras que Ah Otz y Keh deciden viajar a Tulúm. La canoa se acerca poco a poco a la ciudad. Aquella pirámide que la noche anterior se mostró como una aparición alucinante, ahora sorprende más por su realidad. Verdad es la existencia de ese hermoso castillo que bebe por sus muros las limpias aguas y las brisas más delicadas.

Por tres de sus costados una gran muralla protege a la ciudad de las invasiones, y por el otro, está flanqueada por el muro natural de rocas bañadas de mar. A Tulúm se puede llegar por tierra o navegando. Muchos son los que la visitan.

En su plaza principal existen varias estelas que tienen esculpidas fechas importantes. Uno de estos marcadores, el que tiene la imagen de un capitán engalanado con gran penacho, marca la fecha 8 *Ahau* 13 *Ceh* (433 dC.) y seguramente alude a la fundación de la ciudad. Hay otra que marca 564 aC., y otras contienen fechas que responden a distintas entronizaciones.

No hay más de 50 edificios y muchos de ellos presentan una arquitectura de superposiciones construidas en distintas épocas. Su población es mínima, pues aquí sólo habitan hombres importantes que rigen política y religiosamente el destino de otras ciudades aledañas.

Por una de las avenidas, un grupo de cargadores, esclavos que usan el pelo muy corto, un simple *ek* y andan descalzos, llevan sobre sus espaldas grandes talegas de alimento. Poco antes del arribo de Keh y Ah Otz, varias canoas de comerciantes encabezadas por los *ploms*, acaudalados, entraron a las playas de Tulúm para abastecerla, y luego de aquí saldrán a otros centros cercanos.

Keh se emociona con un templo pequeño, pintado de azul, dedicado al dios Descendente, Venus, que durante 8 días al año se sumerge en el inframundo. Muy cerca de ahí está un edificio pintado de rojo y negro donde habita el *nacom*, capitán de guerra. Dispersos y de diferentes tamaños, armónicamente distribuidos, esplenden otros templos y edificios.

Estamos en el mes *Pax* y hoy se festeja la fiesta *Pacum Chac* dedicada a los dioses de la guerra *Cit Chac Coh, Pakat, Sacal Puc* y *Ah Chhuy Kak*. El *holpop*, "el que se sienta en la estera", es conducido por un solemne cortejo festivo hasta el templo donde se guardan los instrumentos sagrados. Ahí los entrega a los músicos y de inmediato éstos los ejecutan produciendo una sonoridad llena de llamados y mensajes. Suenan así las *kayab* y *bexelac*, conchas de tortuga; *chul*, flauta; *hom*, trompeta (las hay de barro, madera y calabazo); el *cayum*, timbal de barro; y predomina el sonido del *tunkul*, y del *pax*, tambor hecho en un tronco ahuecado cubierto con piel de jaguar. Son los *Ah paxboob* los que tañen los instrumentos.

Por otra avenida, el *nacom*, transportado también en estera y seguido de 200 guerreros, se dirige hacia el templo mayor. A penas ha terminado de ascender la escalinata, cuando en la explanada los guerreros inician el *holkan okot*, la danza marcial. En este simulacro de guerra, blanden sus espadas, las macanas *(hadzab)*, las hondas *(yuntun)* y dardos y lanzas. Todos se protegen con escudos y llevan unas túnicas acolchonadas. La sonoridad de los atabales, los instrumentos de percusión y aliento, junto con los gritos guerreros, crean una atmósfera excitante.

Ahí danzan por horas, cambian ritmos y ejecutan complicados cuadros de encuentro y lucha. En el templo mayor, sacerdotes enmascarados y vestidos con la parafernalia de los dioses de la guerra, dialogan entre sí, teatro eminentemente religioso. El festejo concluye cuando el sacrificador eleva los corazones de las víctimas.

De Tulúm, Ah Otz y Keh viajan a la bahía de Zamabac, provincia maya de Chetumal donde se construyen las mejores canoas y se produce miel en abundancia. Ah Otz compra bastante miel, misma que cambia por *ha,* semillas de cacao. De ahí parten hacia Ekab, donde sus habitantes son dueños de ricas salinas. En esa zona se encuentran ciénegas que se inundan de agua de mar cuando hay altas mareas. Una vez anegadas, los salineros obstruyen la entrada, y poco a poco el sol se encarga de evaporar el agua para dejar una gruesa costra de sal. Tras ser removida, se muele hasta que queda un finísimo polvo blanco. Ah Otz compra varias talegas, y después de despedirse de Keh, inicia un viaje hacia el sur donde cambiará la sal por jades, ídolos y otros objetos y alimentos.

Cuando Keh regresa a Tulúm se encuentra con que su madre se ha recuperado y está en disposición de volver a su hogar. La niña es demasiado pequeñita, pero según dicen los sacerdotes, será fuerte y tendrá larga vida. Antes de retirarse se efectúa la última ceremonia de gratitud. En este caso el cordón umbilical y la placenta no se enterrarán bajo el fogón como es la costumbre. Fueron guardados en un caracol marino y arrojados al mar como tributo a las deidades acuáticas y en especial a *Ixchel.* Concluido el rito, sacerdotes y beneficiados saludan hacia los cuatro puntos cardinales, regiones de donde proceden los vientos, fuerzas naturales ya benéficas o destructoras. En cada punto crece una de las cuatro ceibas sagradas que suministraron el primer alimento a los seres humanos: *Chac Imix Che* (el árbol rojo del este); *Zac Imix Che* (el árbol blanco del norte); *Ek Imix Che* (el árbol negro del poniente) y *Kan Imix Che* (el árbol amarillo del sur). Son estos mismos los colores simbólicos de los *Bacaboob, Chaques* y *Pauahtunes.*

14

Los primeros años de Mucuy

Tal como lo pronostican los sacerdotes, la niña es fuerte además de ser muy dulce. Parece haber nacido con la alegría de la mano. Le han dado por nombre Mucuy, que quiere decir "tortolita". Siempre será llamada así por sus familiares como sucede con Keh, quien a pesar de tener ya varios nombres, sus padres lo nombran con el que recibió primero. El nombre de infancia, el que se da a los niños después de su nacimiento es el *paal kaabá* (equivalente al nombre de pila). Es común utilizar nombres de animales, plantas o de algunos objetos. Posteriormente se antepone el prefijo *Ah* para los nombres masculinos como en el caso de Ah Tzab o Ah Keh, y en los femeninos el prefijo *Ix* o simplemente *X:* Ix Cuzam, Ix Mucuy. Después se agrega y se les añade el apellido paterno: Ah Keh Kumun; Ix Mucuy Kumun. Ya en la ceremonia del *emkú* (la bajada del dios) se obtiene otro nombre, el *naal kaabá*. Es decir que se agrega la partícula Na (madre) seguida del matronímico y después del patronímico: Na Chi (que es el apellido de Cuzam) Kumul. Al mote o apodo se le dice *coco kabá* y determina alguna característica del personaje, por ejemplo, a veces cuando se refieren a Mucuy dicen "la que ríe siempre".

A Mucuy, en la primera visita a los sacerdotes para investigar su destino, le entregaron instrumentos relacionados con las tareas del hogar. Pero en la ceremonia de "la bajada de dios" le fueron entregados especialmente instrumentos de hilandera, y ello se debe a que *Ixchel,* su protectora, es la diosa que inventó el hilado.

Como todos los niños, hombres y mujeres, ha pasado varios años dedicada al juego y observando las actividades de su madre, e incluso experimentando en el intento de imitarla. Pero ahora ya sabe muchas cosas del hogar. Gusta en ir al mercado y distingue muy bien todo lo que es menester comprar. Nunca se debe adquirir nada que no se vaya a consumir: "no desperdicies la vida —le aconseja Cuzam— porque de hacerlo los dioses te privarán de lo esencial".

Mucuy sabe preparar el maíz en varias formas: tortillas (*uah*), atole (*za*), pozole (*keyen*), pinole (*kah*) y tamal (*muxubbak*). Cuando rompe el alba y se dispone a preparar las tortillas, bebe junto con los suyos un poco de atole o de pinole disuelto en agua caliente. A ella le gusta el aroma cuando tuesta el maíz para molerlo después. A veces le agrega un poco de cacao. En el curso del día se alimentan con un poco de pozole. Sabe prepararlo, haciendo unas grandes bolas de pasta de maíz que tienen la facultad de no acedarse y se pueden conservar por largo tiempo sin que pierdan su buen sabor y sus cualidades alimenticias. Ya cuando pardea se toman los alimentos más fuertes: tortillas, chile y un sancocho de frijoles llamado *kabaxbuul.* Sabe cocinar también un preparado a

"Hay algo más importante que
debes ver, una tumba magnífica, porque
grande fue el señor que en ella yace..."

base de pepita molida de calabaza. Y como hay que variar la alimentación, a veces cocina pescado o carne y guisados de verduras.

Mucuy sabe perfectamente hilar y lo hace mientras canta. Piensa que agradando a *Ixchel* obtendrá mejores resultados en su trabajo. Sabe colorear los hilos, especialmente los de lana. En su propia casa tiene sembradas algunas plantas colorantes, y otras las consigue en el mercado. Dos de ellas son indispensables para este trabajo, la *Yich-kaan* (Sacatinta) y la *Chi Té* (Eugenia). La lana se pone a hervir con unos manojos de Eugenia, y después de dos horas se deja enfriar y luego se lava. La Sacatinta no se hierve, sólo se deja en agua hasta que se fermenta. Las dos sirven para fijar los colores. El *Tzon té* (musgo) no se encuentra mucho en los montes cercanos, pero los comerciantes lo traen de otras regiones. Con él se consiguen los tonos café oscuro. En cambio el *Kan ak* pinta de amarillo; el *Cha té* de negro; el *pitz otz* de azul; el *makob* tiñe de morado o lila, según sea la cantidad; y el *chil te vet,* frutitas que reciben el nombre de "caca de mono" dan tonos verdosos. Hay varios palos que sirven para teñir, así como el *batzi chuj* o cochinilla, unos animalitos rojos, parásitos que se pegan a los nopales.

Mucuy guarda sus utensilios de trabajo aparte de los de cocina, pues muchas de las plantas que se usan para el teñido son venenosas. Cada vez que ha teñido alguna tela, lava muy bien las ollas para evitar residuos que produzcan colores disparejos. A Mucuy le gustan los colores, le divierte teñir, pero ella prefiere el algodón blanco tan usual en esta ciudad.

Keh se encarga de enseñarle otras cosas, como los números del uno al 20. Desde muy chiquita los repetía de memoria: *hun* (1), *ca* (2), *ox* (3), *can* (4), *ho* (5), *uac* (6), *uuc* (7), *uaxacx* (8), *bolon* (9), *lahun* (10), *buluc* (11), *lahca* (12), *oxlahun* (13), *canlahun* (14), *holahun* (15), *uaclahun* (16), *uuclahun* (17), *uaaclahun* (18), *bolonlahun* (19) y *hunkal* (20).

Los números del 1 al 4 se representan gráficamente por medio de puntos, el 5 por medio de una raya horizontal, y del 6 al 19 por medio de rayas y puntos. Para estos números existe también la representación por medio de jeroglíficos en forma de cabeza humana y a veces una figura completa. El signo representativo del 10 es una calavera, o mejor dicho el hueso de la mandíbula inferior representa el valor de 10. Este hueso, cuando se añade a las cabezas representativas de numerales del 3 al 9, aumentan en 10 su valor. La cabeza del 9 que tiene agregada el hueso de la mandíbula, representa, entonces, el 19. Los números once y doce tienen su propio jeroglífico.

El sistema de numeración maya es vigesimal y los correspondientes valores progresivos se determinan por las distintas posiciones de abajo para arriba. Cada posición puede ser ocupada por el signo de "cabalidad" o cero, o por uno de los números comprendidos del 1 al 19. En este sistema, 20 unidades de cualquier orden forman una unidad del orden inmediato superior, por lo que los factores constantes correspondientes a cada posición, de abajo para arriba son sucesivamente: 1; 20; 400 (20 × 20), 8000 (20 × 20 × 20) y así sucesivamente.

Keh, desde muy niño, aprendió todo esto, pero ahora sabe que en este sistema se utilizan ciertas modificaciones, según los periodos usados por los sacerdotes astrónomos. El cambio consiste en usar como factor de la tercera posición, el número 360 en vez del 400 que le corresponde. La razón es la de usar el múltiplo de 20 más cercano a 365, o sea el número 360 para formar el *tun* que sirve como unidad cronológica. Los astrónomos mayas saben muy bien que el año trópico es un poco mayor que el de 365 días, pero no teniendo fracciones en su sistema numérico se considera un año de 365 días (llamado año vago por los cronólogos) y que puede adaptarse a este sistema modificado, a la vez que registrar, por medio de correcciones periódicas, el exacto cómputo del tiempo.

Los periodos del *Kin* al *Baktun,* son muy utilizados en el cómputo de la cuenta larga, pero incluso por este método se pueden llegar a contar millones de años:

Kin es un día.

Uinal: 20 *kines* o días.

Tun: 360 *kines* o días.

Katún: 20 *tunes* o 7,200 *kines* o días.

Baktún: 20 *katunes* o 144,000 días.

Pictun: 20 *baktunes* o 2,880,000 días.

Calabtun: 20 *pictunes* o 57,600,000 días.

Kinchiltun: 20 *calabtunes* o 1,152,000,000 días.

Alautun: 20 *kinchiltunes* o 23,040,000,000 días.

Todo esto es muy complejo para el entendimiento de Mucuy dado que aún es muy pequeña. Pero Keh se lo explica una y otra vez, tratando de que ella entienda el transcurrir del tiempo y su ordenamiento. A todos los mayas, niños o ancianos, el tiempo les resulta lo más fascinante. Por eso las matemáticas constituyen un elemento indispensable para el pensamiento filosófico de la cronología.

Mucuy, sin embargo, ha comprendido perfectamente lo que es el valor del *Kin,* la unidad del tiempo, el día. Observa el sol desde que nace hasta que se oculta, e inclusive ha pasado la noche en vela con el fin de conocer cómo es el transcurrir de las horas oscuras. Sabe que el amanecer, el alba, se llama *yahalcab* o *zazhálcab;* las primeras horas del día reciben el nombre de *hatcab kin;* el mediodía es *chumuc kin* o *chunkin;* a la tarde, *okinal,* y a la puesta del sol se le denomina *emelkin* u *ochkin.* La noche es *akab;* el anochecer, *kaz akab;* la medianoche, *chumuc akab;* y antes del amanecer, *potakab.* Es el sol, *Kin,* el que genera el tiempo; su movimiento es la vida del tiempo; su presencia es la luz, su ausencia la oscuridad. Mientras él viva, viviremos.

15

Los códices

Keh hubiera querido dedicar toda su vida exclusivamente a pintar los códices, pero el corazón humano, al igual que el sol, tiene movimiento: emociones. La idea de formar una familia ha sido para él algo también atractivo. En los hijos se trasciende, en ellos se deposita el calor del alma, el amor por la vida misma. Por ello decidió contraer matrimonio con Ix Canul. A ella no la ha favorecido *Ixchel,* algo estéril en su vientre impide que nazcan niños. Pero con los rezos, los viajes a Cozumel, las ofrendas y el fuego siempre encendido en el fogón del hogar, propiciarán un día su preñez. Sin embargo la vida entre los consortes es dulce y esperanzada.

Keh va diariamente a la Casa de los Códices donde trabaja con esmero. Ahí pinta y estudia los glifos. Gran mundo es este de los glifos que parece que una vida no alcanza para aprenderlos todos. Hay nuevos glifos porque nuevas cosas suceden, porque la escritura evoluciona.

Los trabajos realizados ya han sido muchos. Obedecen a los *chilames,* quienes profetizan. Los *katunes* no sólo significan unidades de tiempo de 7,200 días, sino también periodos cargados de hechos repetibles. La vida es como una rueda, gira y todo vuelve. Los sucesos pueden repetirse periódicamente en los katunes de la misma denominación, y de ahí vienen las profecías katúnicas que anuncian lo que sucederá en el katún siguiente.

El sol muerde a la luna o la luna al sol; el tigre la muerde, la serpiente lo muerde. Esta es la imagen del eclipse. En base al calendario sagrado de 260 días, se tiene la secuencia correcta de los posibles eclipses. Durante un año, Keh ha trabajado, asesorado por astrónomos y chilames, en un códice donde una tabla cronológica y con glifos precisos contiene sesenta y nueve fechas de eclipses solares en un periodo de 33 años, después del cual, la tabla puede ser usada nuevamente, según la ley de la repetición.

En otros ha pintado el viaje de los cometas y su aparición en la tierra. Con su cauda de luz traen miseria a los hombres. Pero se sabe cuándo aparecerán, se pueden prever. Así, Keh pinta a los cometas y señala en los códices las pasadas, presentes y futuras pestes o sequías.

Diseña también todo aquello relacionado con los dioses, sus días de fiestas, los sacrificios que deben efectuarse. Hay láminas completas dedicadas a los dioses de la agricultura. Otros se refieren a las épocas de pesca y caza. En algunas láminas apunta los tributos adquiridos por su pueblo, el número de los pobladores, el estado económico, las vías comerciales que cada vez se expanden más llegando a pueblos lejanos de otras culturas. ¡El mundo crece! Más allá de nuestros ojos hay otras tierras, otros palacios e incluso otros dioses. Y según le informan, él pinta, deja testimonio.

"Keh, al recordar la emoción que le
produjo conocer la ciudad de Uxmal, ha
llevado al niño a visitarla..."

Así pasan sus días, entregado al trabajo, amoroso en su hogar, hasta que por fin Ix Canul le informa que va a tener un hijo. Ello es motivo de fiesta. Cuzam, Mucuy y otras mujeres se afanan en preparar viandas. Esta vez en la casa paterna se bebe *balché,* la bebida sagrada.

Todo se repite, enseñan los ancianos, y esto lo puede comprobar el mismo Keh, quien ha visto el casamiento de Mucuy, el nacimiento de sus hijos, los viajes a Cozumel, el trabajo diario, la constante presencia de los dioses, el cumplimiento de las ceremonias: Viajan los comerciantes. Los astrónomos descubren estrellas, los arquitectos levantan edificios. Y con el continuar de la vida, las ciudades mayas crecen en población y en belleza. *Kin,* el sol, brilla diariamente: la vida sigue su curso.

De nuevo los niños serán educados. Habrá nuevos jóvenes en las casas de estudio, habrá nuevos campesinos, nuevos pescadores, nuevos científicos y sabios, nuevos gobernantes. Y el calendario del *Tzolkin* será consultado una y mil veces para saber el destino de cada uno de los seres nuevos.

Pero no sólo la vida acontece. También la muerte se presenta. Los dioses *Bolontikú* del *Metnal* reclaman su sustento.

16

Presencia de la muerte

Finaliza el mes *Yax* y con él concluye la fiesta *Oc ná*. Durante días se efectuó el gran rompedero de ídolos para colocar otros en los templos, otros de arcilla nueva, recién modelados, renovación de las imágenes divinas. Se han repintado los estucos de los grandes edificios y los colores se distinguen delineadamente unos de otros. Mucho trabajo ha tenido Ah Tzab coordinando todas estas tareas. Ha clasificado nuevos atuendos e instrumentos para guardarlos en el aposento de las prendas y útiles sagrados. El mismo, Ah Tzab, ahora estrena un *ix* y sandalias, se ha cortado el cabello y su rostro expresa una especie de renacimiento interior.

Cuzam le sirve la cena y lo escucha con atención mientras él relata los pormenores de las ceremonias que en los últimos días ha venido organizando. Cada año es lo mismo, cada año se repiten estos cambios. Ella se alegra, sin embargo siente una inquietud, un desasosiego que se hace tangible en la boca del estómago. Con extraña antelación advierte que Ah Tzab está por sufrir un cambio radical. "Tal vez otra forma de apreciar la vida —piensa— o algo que viene con otra edad". Medita en todas las cosas que cambian, se entretiene en sus propias ideas, se complace abstraída en sus pensamientos.

En el rostro de Ah Tzab aparece un gesto de dolor. Tensos sus músculos, comprimiendo toda su fuerza, hacen resaltar un asombro similar al que se experimenta cuando se nace: el sentirse en un umbral, ahora el de la muerte. Todo lo vivido aparece ante sus ojos con la misma luminosidad y rapidez de un cometa cuando cruza la bóveda celeste. La vida se mira como uan estrella que estalla esparciendo luminosidad y combatiendo todas las sombras. Es el instante del gran discernimiento.

Ah Tzab se dobla sobre sí mismo y cae al suelo. Un grito de Cuzam y el desbordamiento de su llanto anteceden al intento de prestarle ayuda. Todos sus esfuerzos son inútiles, y desde su puerta llama a gritos a los vecinos quienes acuden a su desesperado llamado. No en vano el hombre se desarrolla en sociedad para afrentar problemas y resolverlos, no en vano se conquistan las querencias que responden frente al sufrimiento. Sociedad es el espíritu común bajo el que se comparten los designios de los dioses y las manifestaciones de la naturaleza. Por todo esto con gran prontitud acuden.

Ahí, todos rodean a Ah Tzab, el amigo que hoy se muestra inanimado. Una anciana le toma la mano y dice que el pulso chico, el del cuerpo, ha cesado; y que el pulso grande, el del alma, ha escapado hacia las regiones de los Bolontikú. "Ha muerto —exclama—, ha muerto". Todos se arrodillan, pegan su frente a la tierra y pronuncian un rezo con el cual pretenden ayudar al difunto a abandonar la tierra, a no sentir nostalgia por ella, para que así pueda internarse libremente en el inframundo, lugar donde van los que pierden la carne, los que se han liberado del peso de lo material.

"Ha llegado tu hora de morir —le dice la anciana— tu hora de abandonar la tierra, de desprenderte de todo esto de lo que hiciste costumbre, de tu casa, de los tuyos. Has de abandonar la tierra, despójate de su belleza y de sus tristezas. No mires lo que has dejado y dale fuerzas a tu espíritu para que venza los obstáculos en tu viaje póstumo. Mucho andarás, durante cuatro años descenderás por los pasajes del *Metnal,* habrás de buscar a los dioses y frente a ellos rasgarás el misterio".

Algunos se van para dar aviso a los sacerdotes, otros se quedan para prestar ayuda. Las mujeres barren la pieza, los hombres inician la excavación de la fosa. Cuzam, ayudada de Mucuy, baña ritualmente el cuerpo de Ah Tzab, le unge los pies, aromatiza su cuerpo, lo viste. Keh entra precipitado a su casa y en cuanto confirma la noticia de que su padre ha muerto, avanza despacioso y reflexivo: "muchos son los hombres que vienen a poblar la tierra, y los mismos se van. Nadie aquí permanece. Prestados son la tierra, el cuerpo, el tiempo. Padre, ahora tendrás que contar hacia atrás tus pasos por los caminos".

Se inicia la ceremonia presidida por los *chaques* que ahora portan máscaras de murciélago, de lechuza, de serpiente roja y de serpiente negra, animales que simbolizan la muerte. Ah Tzab es amortajado y los sacerdotes le llenan la boca de *keyen,* maíz molido, a fin de que tenga qué comer durante el viaje. Si fuera rico, si fuera Señor Principal, en lugar de *keyem* le hubieran puesto un jade a guisa de moneda, mediante el cual, al entregarlo a los dioses, recibiría de ellos favores, la disminución de las penurias en el *Metnal.* Pero él es gente común, sólo ha sido servidor de los sacerdotes. Tendrá sin embargo el sustento necesario.

A los grandes señores, gobernantes y sacerdotes, se les entierra con cinco sirvientes para que en los rumbos de la muerte los custodien y lo ayuden. Es honor para los sirvientes ser enterrados con sus amos porque tal acción les asegura la protección de los Nueve Señores de la Noche. Se ganan con ello la admiración divina y su fidelidad y servicios les serán premiados. Los hombres supremos son incinerados, o por lo menos parte de su cuerpo, para guardar sus cenizas en vasijas de barro, delicadas urnas sobre las que, a veces, se levantan hermosos templos. También se hacen estatuas de madera con una cavidad en el colodrillo en la que se echan las cenizas. Luego el orificio es tapado con el cuero cabelludo del difunto, y el resto del cuerpo es enterrado.

Es propio enterrar a los seres humanos con un perro, especialmente con aquel que ha sido domesticado, perro amigo durante la vida, porque él en su lomo ha de cruzar al difunto por el ancho río de aguas turbulentas que se encuentra en el primer vado. Por ello es importante ganarse a los perros, tratarlos con bondad y con anticipado agradecimiento. Ah Tzab hace muchos años vio morir a su perro, y antes de darle sepultura le pidió lo aguardara a la orilla del gran río. No obstante un amigo le entrega a Cuzam un perro pequeño, blanco, para asegurarle una compañía. Ah Otz, quien ha terminado de cavar la fosa, coloca al animal a los pies de Ah Tzab. Los amigos que han acudido a despedirlo, depositan junto a su cuerpo regalos que le serán útiles en su trayectoria: vasijas con comida, tortillas, agua, collares, sandalias y piedras finamente talladas para que lleve algo que obsequiar a los dioses. La tierra lo cubre.

Es costumbre de la gente del pueblo enterrar a sus muertos dentro de la propia casa. Algunos abandonan las moradas, otros siguen viviendo en ellas sin miedo alguno a sabiendas que bajo su suelo descansan los antepasados. Cuzam se irá ahora a vivir con Keh, pero no obstante visitará una vez al día la casa en que há quedado enterrado su marido. Ahí irá a cantarle, a comunicarle lo que pasa, a llevarle agua y tortillas por si le son necesarias. Esto al menos durante cuatro años.

"*Muan es examinado por el Kaat Naat,
el preguntador. «Tienes una mente reflexiva»
—le dice su maestro— una mente
intelectiva. Te empeñas en conocer...*"

Terminada la ceremonia se inicia una música alegre que invita a todos a regresar a sus hogares, a continuar la vida. Ah Otz se acerca a Keh y le susurra en el oído: "ahora es un gran momento para que juzgues correctamente los objetivos del sentimiento, y más aún, los valores del transcurrir del tiempo".

No sin dolor, Keh sonríe y responde: "todo es divisible y mudable, ya se está de una manera y luego de otra. Sea feliz mi padre en su transformación, los dioses lo beneficien".

17
Viaje a Otulúm

Desde el fallecimiento de su padre, Keh se ha obsesionado con la muerte. Cuestiona más a menudo el sentido de la existencia y medita sobre los enterramientos y ritos funerarios que varían de acuerdo con la condición social y económica del fenecido. Estas inquietudes lo llevan a visitar Otulúm (Palenque) "Casa Fortificada".

Para llegar a este centro religioso, Keh y Ah Otz han tenido que cruzar una espesa selva que aturde por el calor y el estridente canto de las aves. Siguen la senda que marca el río Otulúm, y al llegar a la ciudad observan cómo sus constructores desviaron su cauce hacia un acueducto que tiene un tramo a cielo abierto y otro cubierto por una bóveda. Admiran el sistema de desagüe y drenaje, conectado con un baño de vapor y unos retretes.

Muchos son los templos que aquí se yerguen, pero entre las construcciones destaca la del edificio principal por sus dimensiones: El Palacio. La escalinata, limitada por alfardas decoradas con figuras en relieve, tiene esa simetría que invita a ascender para acercarse al ámbito de los dioses. Este edificio consta de un conjunto de galerías agrupadas en torno a 4 patios. En uno de ellos se levanta una gran torre de planta cuadrangular, observatorio astronómico. El patio oriente está limitado por 4 edificios. En uno de ellos abundan los jeroglíficos en los muros. Hay también, en relieve, 4 señores de pie flanqueados por unos sacerdotes sedentes. De la crujía interior, Keh y Ah Otz bajan a un patio por una escalinata. En las alfardas y en los taludes hay grandes figuras talladas en piedra. Luego caminan hacia la parte baja de la torre, y es ahí donde Keh fija sus ojos en un tablero que contiene pequeñas figuras de Los Señores de la Noche. Frente a ellos el espíritu quiere cantar a las sombras y a la muerte. Cuántos pensamientos danzan en la mente de Keh como si quisiera poblar consigo mismo las distancias profundas de estos dioses.

Ah Otz atrae su atención y señalándole un templo que se encuentra al lado poniente del Palacio, le dice: "hay algo más importante que debes ver, una tumba magnífica, porque grande fue el señor que en ella yace". Así se encaminan hacia una construcción de 9 cuerpos escalonados que simbolizan las estancias del *Metnal*. La fachada del templo mira al norte, punto cardinal de los antepasados, de los dioses primogénitos. En lo alto, llegan al pórtico del templo que tiene cuatro pilastras y cinco puertas. En cada pilastra, un personaje modelado en estuco rodeados de símbolos celestes, vigila la entrada. El azul turquesa sobre fondo rojo en los muros parece conjugar el cromatismo del cielo y del sol. Los pies de estos personajes están apoyados sobre un mascarón, descarnado, de la deidad de la Tierra. Llevan en los brazos a un niño con cabeza de serpiente. "He aquí —exclama Keh— la representación del nacimiento de los cuatro *chaaques*, ayudantes del dios Chaac".

Entran al templo y Ah Otz le enseña a Keh el lugar en el piso del santuario donde se abre el túnel de la escalera que desciende a la cripta mortuoria, la cual perfora el núcleo de la pirámide. Prohibido está el acceso a ella, pero Ah Otz despliega un libro en el que está pintado todo lo que la cripta contiene. "Mira, esto es lo que guardan ahí dentro —explica Ah Otz—, ahí es donde el gran señor está protegido por seis jóvenes nobles y por los mismos *Bolontikú*. Los dioses están modelados en estuco, 6 están de pie y 3 sentados. Mira qué hermosos son sus tocados, cabezas de distintas aves relacionadas con el mundo de los muertos. Ricos son sus atavíos, y todos ellos empuñan el cetro maniquí de mango de serpiente. He aquí las máscaras del dios de la lluvia".

Keh medita y murmura: "imagino a los dioses de la muerte cirniendo la carne, los recuerdos, los nervios, la sombra y el llanto. ¿Qué queda entonces del ser humano y de sus fundamentos terrestres? A cambio de su carne y de sus sueños ¿qué otra extraña permanencia le deparan? ¿Cuál es la forma del no ser? ¿Qué vientos deshacen sus nostalgias por la tierra?".

Ah Otz sonríe, golpea el hombro de Keh y le aclara sus pensamientos: "morir no es otra cosa que la aleación del hombre con el tiempo, el retorno al origen y luego el reposo en un mar ancestral de cenizas, polvos de luz y sombra que se animan en el inmenso universo. Y no porque los muertos estén cerca de los dioses han de olvidar a los vivos, sus herederos. Bien conoces la perdurable presencia de los antepasados en la tierra".

"¿Desnudo de carne está el gran señor? ¿Desnudo, pero ciertamente protegido? —pregunta Keh—. Ah Otz extiende el libro y le muestra: "protegido en el corazón de este edificio minuciosamente construido para albergarlo en la grandeza. Al centro de la cripta está el sarcófago, monolito en cuyos lados está esculpida la historia del sacerdote y gobernante. Esculpidos hay diez personajes, seis hombres y cuatro mujeres. Llevan una planta a sus espaldas, y algunas tienen tocados de aves y uno de jaguar. Surgen de la tierra,

127

lugar de su nacimiento, y los cuerpos se impulsan hacia alcanzar algún paraíso".

"¿Hacia qué punto está orientado?" "Su cabeza está colocada hacia el norte, hacia el umbral de los antepasados. Está ataviado con riqueza, hermosos son sus atuendos. En la frente lleva una diadema de jades, y de ella pende una placa con la efigie del dios Murciélago, numen del inframundo conectado con la fertilidad de la tierra. En su boca fue depositada una gran cuenta de jade, símbolo de su corazón que hubo de entregar a los dioses. Su cabello ha sido dividido en mechones mediante tubos de jade. Hermosas son sus orejeras compuestas de varias piezas. Hilos de cuentas multiformes rodean su cuello. Fue engalanado con muchas cuentas, cada una de sus pulseras tiene 200, y su pectoral ostenta nueve hilos cada uno con 21 piezas. A sus pies colocaron una estatuilla de la deidad solar, y todo su cuerpo está rodeado de jades finamente tallados".

"Doloroso —murmura Keh— es que el rostro desaparezca". "No el de este gran señor —aclara Ah Otz— porque para ello, para eternizar sus facciones, se le puso una máscara de mosaico de jade que reproduce sus rasgos. Así queda eternizado su gesto".

Nuevamente Ah Otz muestra su libro y explica: "está cubierto con una gran lápida (8 metros cuadrados), misma que está esculpida por sus cuatro lados y en su superficie. Sobre ésta aparece el mascarón del numen de la tierra y de la muerte con las fauces abiertas devorando el cuerpo del gran hombre que desciende a sus entrañas donde se sitúa uno de los paraísos. En un extremo, en el corte del sarcófago, hay un grano de maíz y un caracol cortado transversalmente. También está representado un elote, el maíz tierno". "Ah, sí —interrumpe Keh—, son los símbolos del nacimiento de esta planta divina, o bien del nacimiento del hombre, pues de maíz fue hecha nuestra carne. Pero dime, ¿quién es este gran señor?"

8 Ahau es su nombre calendárico. Gran sacerdote y gobernante fue. Los dioses a él se unieron y es por ello que se ha deificado,

pues posee los atributos del Sol, Venus y de *Chaac*. De su cuerpo surge una nueva planta de maíz en forma de cruz. Mira cómo lanza al cielo sus espigas. Es el árbol de la vida que surge en el poniente del vientre de la diosa de la tierra. Por ello está coronado con los símbolos del quetzal y la máscara de Chaac. En ello está implicado el sacrificio y la penitencia, en el momento en que la Tierra devora a *Kin,* el sol, que será de nuevo arrojado en la faena de ser un nuevo día".

"Ahora —dice Keh— siento toda su grandeza, su enseñanza, su eterna permanencia". "Sí —agrega Ah Otz—, desde el sarcófago parte un psicoducto que sube por la escalera hasta el santuario. Aquí los sacerdotes se comunican con él, por este medio reciben su soplo para poder transmitir a los hombres su mandato. Lástima que nosotros seamos comunes y no merezcamos tal privilegio. Pero mañana vendrán sacerdotes de todas las ciudades para entrar en comunicación con él".

18

El nacimiento de Muan

La vida y la muerte se entrelazan a veces como si fueran una sola manifestación. De lo que hay en descomposición en la tierra brotan flores y frutos, y a veces de un cuerpo que muere brota la vida como esperanza de su continuación, testimonio de trascendencia.

Que allá, junto al *chultún,* la cisterna de agua potable, fue encontrada muerta Ix Canul, la esposa de Keh. Ahí, a la orilla del agua y sin asistencia alguna, nació su primogénito, un niño que se arrojó a la vida de prisa, adelantándose unos meses. No hacía mucho que ella había muerto cuando la hallaron, y evidente es que no obstante su desangramiento pudo atender al recién nacido, cortar su cordón umbilical y cubrirlo con su huipil rasgado. Protegido en su pecho el niño esperó el contacto con el resto de los humanos. Toda noticia corre veloz entre el pueblo, y ésta avanzó de boca en boca teñida de asombro. Cuzam, la abuela, a la manera de la más anciana madre de los dioses, asume el cuidado del pequeño.

Ah Muan le han dado por nombre, y Muan es una de las aves simbólicas del inframundo. Nadie le recrimina que por nacer él muriera su madre, pues tal suceso la ha divinizado. Ahora ella es una *Cihuateteo,* según lo dicta la religión tolteca y reside en uno de los paraísos, el *Cihuatlapan,* "lugar de las Mujeres". Ahí está al servicio de *Kin,* el sol. Aquellos guerreros muertos en batalla, los que habitan en el poniente, cuando *Kin* emerge del inframundo, danzan para recibirlo y luego lo acompañan actuando un simulacro de guerra por el camino curvo que lo hace sol levante. Ahí en el punto del cenit, las *Cihuateteo* lo esperan y son ellas quienes lo acompañan en el descenso. Mujeres diosas en procesión cuando el sol se opone y hasta el umbral del inframundo lo acompañan. Esto es día con día, con precisión absoluta el séquito solar cumple su hazaña. Dicen que cada 52 años, los guerreros bajan a la tierra convertidos en colibríes y otras aves preciosas para llenar de amor y encanto el corazón de las mujeres terrenas. En cambio las *Cihuateteo,* aparecen con sus rostros descarnados en busca de los niños por quienes sienten nostalgia. Mucho se asustan los niños al verlas y más porque ellas tienen poderes para convertirlos en ratones. Por ello, en esas fechas, a los pequeños se les cubre el rostro con unas máscaras hechas de pencas de agave a fin de alejarlas. Sólo entonces se les teme, porque diariamente, como protectoras acompañantes del sol, se les rinde culto.

Cuando se consultaron los oráculos para conocer el designio de los dioses sobre la vida del pequeño, el sacerdote dijo: "Superdotada ha venido esta criatura. Agorero será, Gran Chilam entre los Chilam Balames. Prodigiosa es su lengua, su voz será por todos escuchada. Muan debe ser su nombre, porque él es quien anunciará los malos presagios. Es mensajero de los *Bolontikú*".

*"Al cielo se elevan las lanzas para luego
penetrar en los corazones de los hombres.
Ya mueren los guerreros de Chichén Itzá..."*

Y junto al fogón fueron enterrados los útiles pertinentes, las plumas preciosas; el cetro maniquí de la muerte; la espina de pescado, símbolo de sacrificio; las tierras negra y roja de la sabiduría; el oráculo.

Realmente es cimera la inteligencia de Muan. Ha aprendido a hablar y a caminar primero que los otros niños. Es hábil para el cómputo del tiempo y de pronto dice cosas como si fuera dueño de una supraconciencia. Los dioses le dictan qué decir, los dioses guían su lengua.

Keh, al recordar la emoción que le produjo conocer la ciudad de Uxmal, ha llevado al niño a visitarla. No parece sorprendido, y aquí, frente al gran palacio (Palacio del Gobernador) Muan recita de memoria:

"Bella es la ciudad en la que hoy reinan los señores Tutul Xius. Su nombre se deriva de la voz náhuatl Xiuhtótol «Pájaro Turquesa». Son hijos merecidos del dios Sol y del dios del Agua, de la llama y del jade. Hermosas criaturas similares a los chalchihuitl, las piedras preciosas. En ellos mismos crean belleza.

"Procedentes de Tulapan Chiconautlan (Tula) dejaron su tierra y su casa y se asentaron en Nonoualcan, al poniente de Zuiná, en el *Katún* 3 *Ahau* (593-613). Y ahí se establecieron durante 4 *katunes,* y al siguiente, el *Katún* 8 *Ahau* (672-692) salieron rumbo a Chacnouitan a donde llegaron después de 81 años de peregrinaje. Holon Chan Tepeu fue su jefe.

"Llegaron a esta tierra el primer *tun* del *Katún* 13 *Ahau* (752), y por los mismos tiempos arribó Ah Mekat Tutul Xiuh. Su gente permaneció 99 *tunes* (hasta el año 849), y fue entonces descubierta la comarca de Ziyaan-Caan, ahí en Bakhalal.

"En el curso del *Katún* 2 *Ahau* (731-751) otro Tutul Xiuh llamado Al Cuytok se estableció en Uxmal. Y... padre mío, que no te digan que este fue el fundador de Uxmal, porque quienes lo afirman por aumentar su gloria en mucho deforman la realidad. Verdad fue que cuando Ah Cuytok arribó a esta tierra que ves, ciudad era ya, edificada por nuestros ancestros sin mezcla, los originarios mayas. Cierto es, padre, y compruébalo en la edad que tiene la piedra y en las características de la arquitectura *Puuc* sobre la que se adosan otros edificios con distinto estilo. Los mayas de Uxmal fueron, sí, arrojados de su pueblo y aquellos que permanecieron vivieron como vasallos.

"¿Entiendes padre que los Tutul Xiuh han reinado junto con los itzáes de Chichén y los cocomes de Mayapán durante largo tiempo (200 años)? Pero hay que lamentarnos porque esta triple supremacía compartida, gracias a la Confederación tendrá su fin en la mitad del *Katún* 8 *Ahau*. En su décimo *tun* (938) se destruirá la Liga y abandonaremos Chichén Itzá."

Apenas termina de decir esto con ese tono como si cantara o jugara, Keh le pregunta: "¿En dónde has aprendido esto? ¿Quién te enseña tanta historia, quién te reveló los hechos del pasado y del futuro?". Muan sonríe y contesta longánimo: "yo lo sé. Me basta ver a los dioses del Tiempo y observar aquello que cargan. Unos traen la «Gran Bajada», otros la guerra, otros el asentamiento de nuevos pueblos. Así se me dijo cómo llegaron los Tutul Xiuh. Hay dioses que por casi 720 *kines* cargan la Confederación de Uxmal-Chichén Itzá-Mayapán. Pero la Liga finalizará el *Katún* 8 *Ahau* (938). La destrucción está próxima. Ya nos amenaza por las plantas de los pies, ya se extiende por nuestra tierra, ya se refleja en las aguas, según lo dicen los dioses del Tiempo que se aproximan con su carga de dolor y de cambio. En esto nada es reversible ni modificable. Así es lo que cargan los dioses".

Keh toma entre sus manos la cabeza de Muan, mira en sus ojos y más que admiración por su sabiduría siente dolor ante aquel pequeño de cuatro años predestinado a tener conocimiento sobre los hechos nefastos. Le pregunta: ¿Sufres?, y el niño tranquilo responde: "Sufro. Pero me reconforto en los dioses".

Y así, el niño con todos habla de estas cosas, por eso ha recibido como *coco kabá* el mote de Ah Xochil Ich "cara de lechuza" porque su habla, igual al canto de esta ave, anuncia destrucción y muerte. Muan es llevado ante el sacerdote supremo y durante largas horas conversan. Mucho es ya lo que sabe el pequeño, y después de un consejo juzgan que no es bueno que todo el pueblo lo escuche, por ello deciden que ha de vivir dentro del templo, al lado de los *Chilam Balames*.

19

El Suyuá Than

Muan tiene el privilegio de recibir una educación especial. Ahora aprende el *Suyuá Than,* "lenguaje hierático, religioso", "la palabra virgen" en donde se encierran los enigmas del cosmos, de la dinámica del tiempo. Este lenguaje es propio de los príncipes, de los gobernantes y sacerdotes. Ha sido creado por los *Chilam Balames* pues es el que se usa para las profecías. El pueblo en general está muy lejos de comprender el subtexto que encierra. Es necesario este ocultismo porque las falsas interpretaciones distorsionan la mente y provocan nudos de mentiras.

En los llamados enigmas se concretan pensamientos filosóficos, rectores del mundo religioso; de éstos se derivan conocimientos y prácticas de la más diversa índole: ceremoniales, militares, calendáricas, políticas, médicas, científicas y técnicas, porque toda la actividad del hombre debe regirse mediante leyes que legitimizan el ser y el hacer.

Las imágenes y la terminología empleadas en el *Suyuá Than* son sumamente complejas y parecen referirse a hechos sobrenaturales, pero por lo contrario a lo que aparentan, se refieren a cosas cotidianas, a hechos simples y perfectamente posibles y comprobables.

Los elegidos tienen que responder a un sinnúmero de enigmas a través de los cuales se mide el entendimiento de los misterios y los mecanismos mentales para expresar determinadas ideas de acuerdo al ocultismo necesario inherente a la esfera de lo sagrado.

Muan es examinado por el *Kaat Naat,* el preguntador. "Tienes una mente reflexiva —le dice su maestro—, una mente intelectiva. Te empeñas en conocer. Pero dime, ¿de qué te alimentas? ¿Acaso te nutres de *keyem?* ¿Acaso te nutres de *kah?*".

Muan sonríe y contesta: Es el jade (la belleza) lo que me nutre; también tierra disuelta en agua proveniente del cenote sagrado (los misterios que son de la comprensión de los elegidos). —Y luego agrega—: "me alimento de sonidos, todo lo escucho; me alimento de imágenes, todo lo veo".

"¿De dónde nacen las preguntas?" —inquiere el maestro.

"Del asombro —contesta Muan—, en la medida que uno se asombre todo es más cuestionable".

"Bien —le dice el *Kaat Naat*—, ahora tráeme el sol y que sea extendido en mi plato. Que en él esté clavada la lanza del cielo, en medio de su corazón. Sobre el sol ha de estar sentado el Gran Tigre, bebiendo su sangre".

"*En el 4 Ahau 8 Pax cundirá la peste y crecerá la mortandad debida a las guerras. Serán vistos por vez primera los extranjeros barbados...*"

Muan escucha la petición, medita sobre ello y sale de la crujía. Al poco tiempo regresa, y sobre el plato de *Kaat Naat* extiende el sol (un huevo frito), luego le encaja la lanza (lo bendice) y por último sienta en él al Gran Tigre (lo baña con chile molido). Es este el huevo sagrado que se utiliza en los rituales dedicados al culto solar. Bien ha entendido Muan el *Suyuá Than* y esto alegra al preguntador.

"Dime —le pregunta—, en esta crujía, ¿dónde está la olla y dónde se encuentra el agua subterránea?".

"La olla soy yo —responde Muan—, yo soy el receptáculo; y la lluvia eres tú, el riego, la lluvia de sabiduría".

"¿Qué significa la llama que corre —pregunta el maestro—, la que corriendo ilumina el frente y carboniza lo que deja atrás?".

Y Muan aclara: "Significa rechazar sin miramientos la convicción errónea para avanzar hacia una nueva claridad. En la medida que el entendimiento alcanza nuevas luces, se advierte que uno se ha equivocado. Todo pensamiento erróneo por caro que me sea, debo arrojarlo. Uno se despoja de cualquier equivocación. La llama que corre es la voluntad de verdad".

"Dibújame aquí el dios Tetrápode".

Atendiendo tal petición Muan dibuja la imagen de Quetzalcóatl.

"He dicho el dios Tetrápode —aclara el *Kaat Naat*— y este dios sólo tiene dos pies".

"Es cierto —dice Muan— pero correcto está. Quetzalcóatl, cuando recibe el nombre de Nacxit («cuatro pies») Xuchitl («flor»), se hace referencia a que es poseedor de la belleza (xuchitl) y que es un dios ubicuo (Nacxit) porque simultáneamente puede caminar por los cuatro rumbos del universo".

"Mucho es lo que sabes —afirma el preguntador—, es grande tu conocimiento. Posees el universo".

"Eso no es cierto —difiere Muan— porque lo finito no puede poseer lo infinito. Y he aquí que yo soy mortal, he de acabarme algún día. Yo sólo convoco la verdad, esa que advierte mi juicio".

"¿Qué verdad puede encerrar el decir que matarán la flor de *Nacxit Xuchitl?*".

"Que los hombres habrán de dispersarse —contesta Muan—, que habrán de separarse por las contiendas, y que la belleza será muerta porque no habrá sacerdotes ni sabios que conduzcan al pueblo".

"Voluntad de la verdad, eso es lo que te propones —murmura el *Kaat Naat*— y el que busca la verdad es iluminado por los dioses. Anda, retírate ya, ve bajo su luz".

Termina así el examen y Muan se va a sus habitaciones. Ha respondido correctamente y sabe guardar para sí los secretos del Suyuá Than.

20

Fin de la Liga de Mayapán
Los itzáes son arrojados
de su ciudad

Se ha oscurecido el rostro de jade del dios que habita el pozo sagrado de los magos del agua. Los lodos se agitan y lo encubren, lo
mantienen oculto. Las aguas ya no son de esmeralda, sino cisterna
ennegrecida. Luego se pintan de rojo, lodo de sangre derramada
por la reyerta.

Se han desatado las intrigas entre Hunac Ceel Cauich, jefe de
Mayapán y Chac Xib Chac, señor de Chichén Itzá. Es el *Katún* 8
Ahau, en su décimo *tun* (938), y ya la afrenta no es de palabras.

Se han sostenido guerras. Los tambores rugen de día y noche. Al cielo se elevan las lanzas para luego penetrar en los corazones de los hombres. Ya mueren los guerreros de Chichén Itzá, ora los de Mapayán. La muerte se extiende, se enriquecen los *Bolontikú*. Muchos son los que se encaminan al *Metnal*.

"¿Quién es ese Hunac Ceel Cauich —pregunta el *Kaat Naat*—. ¿Quién es ese que hoy nos afrenta y nos consume?"

"Es nuestro enemigo —responde Muan—, aquel que adquirió prestigio y fuerza por ser osado, aquel que se arrojó al fondo del cenote sagrado de Chichén Itzá para conocer y trasmitir el oráculo de los dioses. Se hundió y emergió, y una vez que hubo saltado a la tierra y pronunciado la voluntad divina, se le declaró mandatario, a él que sólo había sido representante de un jefe llamado Ah Mex Cuec".

"¿Y es verdad que... —pregunta el *Kaat Naat*— bajó a lo profundo del cenote?".

"Es verdad —contesta Muan—, según lo dice el *Suyuá Than*. O sea, que resolvió uno de los enigmas. Que lo enviaron a traer el fruto blanco y el amarillo (las jícamas). Por conocer el lenguaje religioso, por saber de los enigmas, se le hizo mandatario".

Gran señor es ahora *Hunac Ceel Cauich,* gran poder tiene, pero es intrigante. Hay violencia en su corazón. Acomete contra los itzáes. Y ya lo decían las ruedas proféticas, ¡vence a los itzáes! Los guerreros de Mayapán, comandados por siete jefes de nombre náhuatl acosan a los magos del agua. La lucha se alarga, se violenta durante 34 años. Envejecen los itzáes junto con los derramamientos de sangre.

Los de Mayapán han ido a destruir a Ulmil, porque se ha confabulado con Ulil, señor de Itzmal. Con batalla y muertes deshacen sus buenos lazos de amistad, así rompen sus buenos términos. Y como resultado de tal contienda, los itzáes son arrojados de su ciudad. Ya se dispersan animados por los cantos de las aves. Llora

Cuy (la avecilla negra) llora *Icim* (el búho), triste está *Ix Dziban Yol Nicté* (La Flor de Corazón Pintado).

Unos se resisten a abandonar su ciudad y se arrojan a los pozos para reunirse a sus antepasados. Otros evocan a *Ix Tab,* la diosa de los suicidas por ahorcamiento. Muchas son las ceibas de las que pende un ahorcado, y estos que se han dado muerte a voluntad irán al paraíso de *Ix Tab.* El éxodo es triste. No miran hacia atrás los itzáes para no derramar llanto al ver abandonada la ciudad que erigieron. Atrás queda la grandeza, despojados están. En las espaldas cargan a sus niños, los ancianos se apoyan en los jóvenes, y la inmensa hilera de itzáes sigue a sus guías hasta llegar a Taitza (Tayasal, lugar del Petén en la zona central maya).

Ahora en Tayasal recomienza la vida. De nuevo se edifica. De nuevo se levantan templos, moradas de los dioses. En silencio se gesta la venganza y nadie olvida su ciudad primera. De nostalgias vive ahora el pueblo de los itzáes.

21
Las grandes profecías

Sentado frente a una gran vasija que contiene agua virgen, Muan medita, reza, canta y repite aquello que escucha de los dioses: volverán los itzáes a combatir a los de Mayapán. Los parciales de Hunac Ceel, quienes han impuesto su dominio sobre toda la península al establecer un gobierno centralista, habrán de sufrir sus consecuencias. Durante la hegemonía de Mayapán cuya duración será del 8 *Ahau* 8 *Cumkú* hasta el 10 *Ahau* 3 *Mac* (1204-1441) se gestará el odio en los pueblos por los métodos opresivos y arbitrarios, por la humillación. Se trastocará el corazón de los mayas, reventará como flor de sangre, escudos serán los corazones en la sublevación.

147

En el 8 *Ahau* 3 *Mol* (1461) sobrevendrá la destrucción de Ma-yapán. Se abandonarán las grandes ciudades. Por todos los rumbos se dispersarán los mayas. Llorarán por el sur y por el norte, por el este y el poniente. Negro será su llanto, rojo será, azul, blanco, por los cuatro rumbos llorarán.

En el 6 *Ahau* 3 *Zip* serán arrasados por un huracán. En el 4 *Ahau* 8 *Pax* cundirá la peste y crecerá la mortandad debida a las guerras. Serán vistos por vez primera los extranjeros barbados (1511), y habrá viruela, *Mayacimil*, "muerte fácil". Por centena-res morirán los mayas hinchadas y enrojecidas sus pieles, las bocas secas, los ojos entornados.

Nada quedará ya de la tiranía de los cocomes, y todos los pue-blos sufrirán cambios, despojos, enfermedades. Sufrirá el pueblo de Maní, que quiere decir "ya pasó" y que fue fundado por el *Tutul Xiu,* dirigente de la rebelión; sufrirá el pueblo Tibulón, que quiere decir "aquí acabamos" o "hemos sido burlados", y que fue fundado por el último Cocom que se libró de la matanza. Sufrirán los pue-blos de Ah Canul, Ah Kin Chel, Canpech, Cochuah, Capul, Cu-zamil, Potonchan, Chakan, Chactemal, Chikinchel, Ecab, Hocabá-Homún, Cehpech, Cehaché, Sotuta, Tases y Uaymil, todos los pueblos, pequeños cacicazgos en los que se dispersaron los pobla-dores de las grandes ciudades, sufrirán del huracán, de la peste, de las contiendas.

En el 11 *Ahau* 8 *Pop* (1559) todo estará desintegrado. No ha-brá sacerdotes que guíen a los pueblos, no habrá grandes gober-nantes, sólo gente pequeña, mal instruida. Dolorosa será la deca-dencia. Y llegará el hombre barbado, e impondrá su cruz y su virgen, y se ocultarán nuestros dioses. Muchos *katunes* sufrirán los mayas de esclavitud, y sólo a través del tiempo, nuestros ante-pasados resplandecerán y mostrarán su eternidad. La belleza no será destruida plenamente. Los dioses sacarán a la luz sus rostros ocultos.

Después de que baje el agua del *Quetzal,* del pájaro verde *Ya-xum,* cuando serán devorados hijos de mujer, hijos de hombre, que será el tiempo de los grandes amontonamientos de calaveras; después de la gran inundación, cuando se hablarán entre sí las montañas sobre la redondez de la tierra, por sobre *Uuc Chapac,* Siete Ciempiés Escolopendra; después de que llegue el tiempo en que arda el fuego en medio del país llano, cuando haya que tomarse el espanto como alimento; después de que hayan sido sobrecogidos por *Ah Uucte Cuy,* El Siete Lechuza, *Ah Uucte Chapat,* El Siete ciempiés escolopendra, cuando se coman árboles y se coman piedras; después de que venga *Ah Buluc Ch'abtan,* El Once Ayunador, a decir la palabra del Sol, la palabra que surgirá del signo jeroglífico para que acontezca el llanto de los grandes itzáes, Brujos del Agua; después de que los itzáes se alcen del rigor de su miseria y salgan por las tierras boscosas y los pedregales a decir su palabra a la justicia del Sol, a la justicia del *Katún;* después de que el Poseedor de la Estera vomite lo que tragó, lo que pasó por su garganta cuando todavía no se obstruya con las limosnas que reciba, cuando traicionen los hijos de *Ah Maax Cal,* El Mono Vocinglero; después de que exprese rabia el rostro de *Buluc Ch'abtan,* Once Ayunador, cuando se levante y apague con fuego lo que reste de los itzáes, en el tercer doblez del *katún;* después de que en *Ichaansihó,* Faz del Nacimiento del Cielo, donde se encoja para soportar su carga *Ah Itzam,* El Brujo del Agua, donde reciba su carga dura y dolorosa, cuando estallen las lajas, silben la perdiz y el venado y sea esparcida *Ix Kan Itzam Tul,* La Preciosa Bruja del Agua a Chorros, en las sabanas, en las montañas, a la vista de los sabios; después del tiempo en que se multipliquen los recién nacidos y se multipliquen los mozos y en que engendren los ancianos y conciban las ancianas; después de que termine el poder de *Buluc Am,* Once piedra labrada, cuando acabe *May Ceh,* Pezuña del venado y que todo esté acabado y se diga: "pasó aquí el pueblo de los itzáes"; después de que sea visible *Ah Cantzincal,* El de los cuatro rincones, *Ah Can Ek,* El Cuatro Oscuridad, *Ah Sac Dziu,* El Tordo Blanco, y tome su oficio *Ix Tol Och,* La Ventruda Zarigüeya, y haya nueva palabra, nueva enseñanza, y se implore a *Ku Caan,* La Deidad del Cielo, y las serpientes se unan unas con

---

DEMETRIO SODI M.

otras por la cola y se tomen nuevas bragas, nuevos señores de la Estera; después de que vuelvan a la gruta y al pozo a tomar su comida de espanto y rueguen a los *Ah Kines,* Sacerdotes del culto solar, que se ajusten la preciosa manta a la espalda, con el cinturón de trece nudos y sea cuadrado el rostro del *Ah Kin;* después de que sean grandes las jícaras, grandes los vasos y los platos donde tomen en común las sobras de agua que andan pidiendo de limosna, las migajas de las sobras del pan de maíz, las sobras de la limosna que es lo que comerán en común; después de que encrespe *Ah Xixteel Ul,* El Rugoso Caracol de Tierra, juntamente con el maligno *Xoox,* Tiburón, porque el fuego les pegará y serán entonces cuando se anuden unos a otros los tiburones de la cola, y pegue el fuego en el cielo y las nubes, y desaparezcan los itzáes, Brujos del Agua, por el norte y por el poniente; después de que anden en cuatro patas en sus milpas, a causa de la mirada de águila de *Ah Tzay Kanche,* El Certero Escabel, *Ah Kay Kin Bak,* El que Vende Carne de Día, *Ah Tooc,* El Quemador, *Ah Dzuudz,* El Enjuto, y termine de molerse el jade, termine de molerse la piedra preciosa y se pudran las flechas cuando esté presente *Kinich,* Rostro del Sol, con *Buluc Ch'abtan,* Once Ayunador, para contemplarlos; después de que sean despojados de sus manchas los jaguares rojos y blancos, les sean arrancadas las uñas y los dientes a los jaguares de los itzáes y vengan grandes inundaciones y poderosos vientos, y patente esté el rostro de *Ku,* deidad de la Estera y en el Trono; después de que blanqueen los huesos porque éstos serán años fieros y amontonará calaveras *Ah Ox Kokol Tzek,* El Tres Amontonador de Cráneos, el barredor del país llano que será asolado por soles excesivos y muertes súbitas, días de sed, días de hambre; después de que pase *Ah Cap Uach Tun,* El que ordena los *tunes,* con su exceso de miseria, y resuenen los instrumentos musicales de madera que se golpean, y hable *Ix Tan Yol Ha,* La que está en el corazón del agua, y se burle de sí misma *Ix Tol Och,* La Ventruda Zarigüeya, por el cambio de palabra y de asiento; después de que haya muerte súbita y disputas de *Ah Uucate Cuy,* El Siete Tecolote, *Chacmitan Choc,* Gran Podredumbre, cuando se golpeen los *katunes,* y

150

en la orilla del mar esté *Ah Maycuy*, El Tecolote Venado, en *Dzid-zontun*, Lugar de las Piedras Puntadas como Pezuñas, y esté *Chac Hubil Ahau*, Señor muy Revoltoso, en *Sinhomal*, Lugar de Amoles, y pase el tiempo en que se extiendan las tripas de *Kukulcan*, Serpiente Quetzal, y se recule *Ah Chichic Soot*, El que Agita la Sonaja; después de que deje el vaso colmado de miseria el *katún* y grande sea el hambre que erija *Ah Uaxac Yol Kauil*, El Ocho Corazón Sagrado, cuando llegue su tiempo al *katún* y cuatro caminos se formen en el cielo, y se abra la tierra, y el cielo se voltee al poniente y al oriente entristecido; después de que al final de la carga del *katún* sobre las divisiones de las ceibas en la tierra, llore Mayapán, Estandarte de Venado, Maycú, Tecolote Venado, y quede asentado su linaje en el pozo y en la gruta, y haya muerte de venados (víctimas) y gusaneras de moscas, al fin de los *katunes,* en el dobles del *katún;* después de que los *katunes* traigan sus cargas de glorias y desdichas, y truequen lo bueno en malo, el día en noche, y vengan los cambios, y gire la rueda profética de los katunes, y todo lo que cargan se vacíe sobre la tierra, y padezcan los mayas, y se victimen, y se transformen, cuando sean avasallados, cuando pasen veintenas de katunes sin linaje y como única posesión el dolor, cuando el trascurrir del tiempo transforme todas las cosas, después de todo, los mayas levantarán el rostro, pronunciarán su propia palabra, levantarán sus banderas y se enorgullecerán de su origen."

Ahí está Muan, sentado frente a la vasija con agua pura. Repite varias veces las profecías. Mira cómo un *katún* despoja al anterior de su Estera, cómo el tiempo nuevo reemplaza al caduco, cómo se siguen uno a uno los *kines*. Medita en lo que traen sobre sus espaldas los cargadores del tiempo, y puede ver el futuro, cuando los mayas sean sojuzgados por los hombres barbados. En la vasija, Muan hunde una estatuilla de arcilla, el barro se ablanda, y murmura para sí: "no en vano modelamos la piedra, que no de arcilla son nuestros corazones, algo perecedero dejamos. Los templos hablarán de nosotros, la piedra hoy enhiesta y mañana derruida sabrá contar la magnificencia de nuestros hombres. Loa a la palabra aprendida, a la piedra edificada, a las ideas y enseñanzas sembradas en los hijos de los hijos. Mientras *Kin,* el sol, alumbre los nuevos días, algo de los mayas seguirá resplandeciendo. ¡Que gire la rueda profética, que gire el tiempo, que los dioses se oculten y reaparezcan cuando sea menester".[1]

---

[1] En este último capítulo se han tomado fragmentos de la Rueda Profética de los Años de un *Katún 5 Ahau,* la cual se obtuvo reconstruyendo textos del Chilam Balam de Tizimín y del Códice Pérez.

Glosario

Ahau: Nombre del mes. Significa también Señor.

Ahau Can: Señor Serpiente y sumo sacerdote.

Ahau Chamehes: Deidad de la medicina.

Ah Buluc Ch'abtan: El Once ayunador.

Acanum: Deidad protectora de los cazadores.

Acehpek: Perros que se empleaban para las cacerías de venados.

Ah Caboob: Inspectores encargados de administrar los tributos.

Ah Can Ek: El cuarto oscuridad.

Ah Cantzicnal: Deidad acuática, el Vertedor de los Cuatro Rincones.

Ah Cap Uach Tun: El que ordena los *tunes*.

Ah Chhuy Kak: Dios de la muerte violenta y del sacrificio.

Ah Chichic Soot: El que agita la sonaja.

Ahcit Dzamalcum: Dios protector de los pescadores.

Ah Cup Cacap: Deidad del inframundo, el que niega el aire, el que quita el resuello.

Ah Dzuudz: El enjuto.

Ah Itzam: El brujo del agua.

Ah Kak Nexoy: Deidad protectora de los pescadores.

Ah Kay Kin Bak: El que vende carne de día.

Ah kines: Sacerdotes, Señores que consultan los oráculos, celebran ceremonias y ofician en los sacrificios.

Ah Maax Cal: El mono vocinglero.

Ah Maycuy: El tecolote venado.

Ah Muzencaboob: Deidades relacionadas con los días *uayeb* o aciagos.

Ah Ox Kokol Tzek: El tres amontonador de cráneos.

Ah paxboob: "Los que tañen los instrumentos", los músicos.

Ahpuá: Dios de la pesca.

Ah Puch: Dios de la Muerte.

Ah Sac Dziu: El tordo blanco.

Ah Tooc: El quemador.

Ah Tzay Kanche: El certero escabel.

Ah Xixteel Ul: El rugoso caracol de tierra.

Ah Uaxac Yol Kauil: El ocho corazón sagrado.

Ah Ucte Chapat: El Siete Ciempiés Escolopendra.

Ah Uucte Cuy: El siete tecolote.

Ah Uucte Cuy: "El Siete Lechuza".

Akab: Noche.

Ak'Al: Ciénega sagrada donde abunda el agua.

Bacaboob (Bacabes): Los vertedores, sostenedores del cielo y guardianes de los puntos cardinales, quienes forman un solo dios: *Ah Cantzicnal Bacab*, el vertedor de los cuatro rincones.

Balam-Acab: Personaje de la mitología quiché, segundo hombre creado por los dioses.

Balam-Quitzé: Personaje de la mitología quiché, primer hombre creado por los dioses.

Balché: Bebida embriagante, endulzada con miel que se utilizaba en las ceremonias y las ofrendas.

Batabes (Bataboob): Altos funcionarios.

Batzi chuj: Cochinilla, animal parásito que se emplea como colorante.

Bexelac: Concha de tortuga utilizada como instrumento de percusión.

Bil: Perro carente de pelaje, que cebaban para comerlo.

Bolontikú: Dioses de la muerte, los Nueve Señores de la noche.

Buluc Am: Once piedra labrada.

Buluc Ch'abtan: Once ayunador.

Cabracán: Personaje de la mitología quiché, hijo de *Vucub-Caquix*, quien se decía ser el estremecedor del cielo y de la tierra. Fue vencido por *Hanahpú* e *Ixbalanqué*.

Caculhá-Huracán: El primero de los dioses que conforman el Corazón del Cielo en la mitología quiché.

Camalotz: Personaje zoomorfo de la mitología quiché, quien bajó a cortarles la cabeza a los hombres de madera, seres imperfectos.

Cayum: Timbal de barro.

Cihuateteo: Mujeres-diosas que se han divinizado al morir en el parto (voz náhuatl).

Cihuatlapan: "Lugar de las Mujeres" (voz náhuatl).

Cit Bolon Tun: Deidad de la medicina.

Cit Bolon Ua: El Decidor de Mentiras, deidad del inframundo.

Cit Chac Coh: Dios de la guerra.

Cocó kabá: El mote o apodo.

Cotzbalam: Personaje zoomorfo de la mitología quiché, quien devoró a los hombres de madera, seres imperfectos.

Cumhú: Nombre del mes.

Cutz: Pavo silvestre.

Cutzha: Pato.

Cuy: Avecilla negra.
Chaac: Dios de la lluvia y de la agricultura.
Chac Bolay Can: La serpiente carnicera que habita en el inframundo.
Chaces: Ayudantes del sacerdote en las ceremonias agrícolas y otras.
Chac Hubil Ahau: El señor rojo muy revoltoso.
Chac Imix Che: El Arbol Rojo del Este.
Chacmitan Choc: Gran podedumbre.
Chac Xib Chaac: Uno de los cuatro dioses que componen a *Chaac:* el Hombre Rojo del Este.
Cha té: Colorante vegetal que pinta de negro.
Chay: Chaya.
Chi: Nancen.
Chic caban: Fiesta que se realiza en el mes *Xul*.
Chilames: Profetas e intérpretes de la voluntad de los dioses mediante distantas prácticas de adivinación.
Chipi-Caculhá: El segundo de los dioses que conforman el Corazón del Cielo en la mitología quiché.
Chiracán Ixmucané: La "Abuela del Alba", vieja agorera que echó la suerte con granos de maíz y sugirió que el hombre fuera hecho de madera, en la mitología quiché.
Chi té: Eugenia, planta colorante.
Ch'oh: Añil.
Chohom: Danza efectuada en las ceremonias del mes *Zip* relacionadas con la pesca.
Choo: Fibra extraída de la ceiba.
Chul: Flauta.
Chultún: Cisterna de agua potable.
Chumuc ákab: La medianoche.
Chumuc kin: Mediodía.
Chunkin: Mediodía.
Dzamul: Zaramuyo.
Dzidzontun: Lugar de las piedras pintadas como como pezuñas.
Ek: Palo de tinte.
Ek Chuah: Deidad protectora de los sembradores de cacao y dios de la Guerra.
Ek Imix Che: El Arbol Negro del Poniente.
Ek Xib Chaac: Uno de los cuatro dioses que componen a *Chaac:* el Hombre Negro del Oeste.

Emelkin: Puesta del sol.

Emkú: Ceremonia de la pubertad.

Ex: Braga.

Gucumatz: Uno de los dioses progenitores de la mitología quiché. Se le identifica con Quetzalcóatl.

Ha: Semilla de cacao.

Haab: Calendario solar de 360 días que se complementa con cinco días inútiles y aciagos que conforman el último mes.

Hadzab: Macanas.

Halach uinic: Hombre principal.

Hatcab kin: Primeras horas del día.

Hetzmek: Ceremonia que consiste en cargar por vez primera al niño en horcajadas sobre la cadera.

Hobnil Bacab: El dios abeja, protector de los apicultores.

Hoh: Cuervo.

Holcanes: "Los bravos", guerreros encargados de conseguir esclavos para los sacrificios humanos. (Aparecen en la época postclásica.)

Holkan okot: Danza marcial que se efectúa especialmente en las celebraciones llevadas a cabo en el mes *Pax*.

Holpop: "El que se sienta en la estera", dignatario que guarda los instrumentos sagrados.

Hom: Trompeta.

Hunab Ku: Dador de la vida, constructor del universo y padre de Itzamná.

Hunahpú: Deidad joven de la mitología quiché, quien venció al soberbio *Vacub-Caquix* que se creía el sol y a sus hijos *Zipacná* y *Cabracán*.

Hunahpú-Utiú: Uno de los "Abuelos del Alba" de la mitología quiché.

Hunahpú-Vuc: Uno de los "Abuelos del Alba" de la mitología quiché.

Ic: Chile.

Ichaansihó: Faz del nacimiento del cielo.

Icim: Búho.

Ik: Dios del viento.

Iqui-Balam: Personaje de la mitología quiché: cuarto hombre creado por los dioses.

Itz: Camote.

Itzamná: El Señor de los Cielos, creador del origen, dios del tiempo.

Itz-tahté: Resina muy olorosa utilizada por las mujeres en la pintura corporal.

Ixbalanqué: Deidad joven de la mitología quiché, quien venció al soberbio *Vacub-Caquix* que se creía el sol y a sus hijos *Zipacná* y *Cabracán*.

Ixchel: Diosa lunar del nacimiento, de la fertilidad y la medicina, inventora del hilado.

Ix Dziban Yol Nicté: "La flor de corazón pintado".

Ix Kan Itzam Tul: La preciosa bruja del agua a chorros.

Ixpiyacoc: El "Abuelo del Alba", agorero que frotó los palos del *tzité* y sugirió que el hombre fuera hecho de madera, en la mitología quiché.

Ixtab: Diosa de la soga y de los suicidas por ahorcamiento.

Ix Tan Yol Ha: La que está en el corazón del agua.

Ix Tol Och: La ventruda zarigüeya.

Izmucané: Uno de los "Abuelos del Alba" de la mitología quiché.

Jaleb: Tepescuiltle.

Kaat Naat: "El preguntador", aquel que cuestiona a los iniciados en los misterios de la religión.

Kabal: Torno primitivo que usan los alfareros, donde asientan la pella de barro y le dan vuelta con el pie para formar la vasija.

Kabaxbuul: Vianda, un sancocho de frijoles que se consume en el atardecer cuando se lleva a cabo la alimentación más fuerte y completa del día.

Kah: Pinole.

Kan ak: Planta colorante que pinta de amarillo.

Kan Imix Che: El Arbol Amarillo del Sur.

Kan Xib Chaac: Uno de los cuatro dioses que componen a Chaac: el Hombre Amarillo del Sur.

Kayab: Instrumento de percusión hecho con concha de tortuga.

Kaz ákab: El anochecer.

Keh: Venado.

Keyem: Maíz molido.

Ki: Henequén.

Kiixpaxhkum: Chayote.

Kikché: Arbol cuya madera se utiliza para la fabricación de canoas.

Kikitzin: Yuca.

Kin: El sol, el día, la unidad del tiempo.

Kinich: Rostro del sol.

Kinich Ahau: Señor del Ojo del Sol, advocación de Itzamná entendido como Señor del Día.

Kitam: Jabalí.
Kuché: Cedro rojo.
Kukulkan: Serpiente-quetzal, "serpiente emplumada".
Kum: Calabaza.
K'uxub: Achiote.
Macal: Una especie de tubérculo.
Macalbox: Especie de tubérculo.
Mahucutah: Personaje de la mitología quiché: tercer hombre creado por los dioses.
Makob: Colorante vegetal que tiñe de morado o lila, según sea la cantidad empleada.
Mayacimil: "Muerte fácil", epidemia de viruela.
May Ceh: Pezuña del venado.
Metnal: El inframundo, lugar de los muertos.
Muan: Ave nefasta relacionada con la muerte.
Munach: Palabra con que se designa a la mujer plebeya.
Muxubbak: Tamal.
Naal kabá: Nombre segundo que se adquiere durante la ceremonia del *emkú*.
Nacom: Capitán de guerra. Con el mismo nombre se designa al sacrificador, al verdugo.
Nacxit Xuchitl: De las voces náhuatl, *Nacxit* "cuatro pies" y *xóchitl* "flor". La unión de estas palabras significa "el dios lleno de belleza que camina simultáneamente por los cuatro rumbos del universo". Con este nombre se denomina a una de las advocaciones de Quetzalcóatl.
Nimá-Rziís: El señor de la verde jícara, en la mitología quiché.
Nim-Ac: El señor de la esmeralda, el joyero, en la mitología quiché.
Noh Ek: Planeta Venus.
Ochin: Puesta del sol.
Oc na: Fiesta que se realiza en el mes Yax. Se rompen los viejos ídolos y se colocan los nuevos en los templos. Está dedicada a las deidades de la agricultura.
Okinal: Atardecer, tarde.
Okot uil: Danza que se realiza durante la fiesta *Pocán*.
Olob zab kam yax: Fiesta que se realiza en el mes *Mol,* en honor de todos los dioses.
On: Aguacate.
Op: Ciruela.

Oxlanhuntikú: Dioses de los planos celestes.
Paal kaabá: Nombre de infancia, equivalente al nombre de pila.
P'ac: Tomatillos.
Pac ché: Espátula de madera para raspar henequén.
Pacum Chac: Fiesta dedicada a los dioses de la guerra que se celebraba en el mes *Pax*.
Pakat: Dios de la muerte violenta y del sacrificio.
Pauahtunes: Deidades del tiempo que ocupan cada una un punto cardinal.
P'entac: Palabra con que se designa al hombre plebeyo.
Pic: Enagua.
Piim: Fibra extraída de la ceiba.
Pitz otz: Colorante vegetal que pinta de azul.
Ploms: Acaudalados.
Pocám: Nombre de la fiesta que se realiza en el segundo mes del año.
Pom: Resina aromática, incienso. También significa el sonido de la caída; golpe de cosa grande que cae.
Pop: Primer mes del año.
Potákab: Antes del amanecer.
Pucc: Significa "país de las colinas bajas"; con esta palabra se designa a la arquitectura común del estado de Yucatán.
Put: Papaya.
Que: Cotorra.
Raxa-Caculhá: El tercero de los dioses que conforman el Corazón del Cielo en la mitología quiché.
Sacal Puc: Dios de la guerra y de la muerte violenta.
Sac Xib Chaac: Uno de los cuatro dioses que componen a Chaac: el Hombre Blanco del Norte.
Sacbé: Camino blanco, camino hecho a mano.
Suyen: Manto cuadrado.
Suyuá Than: Lenguaje hierático, religioso.
Taman: Planta de algodón.
Tauch: Zapote negro.
Tazon té: Musgo.
Tepeu: Uno de los dioses progenitores en la mitología quiché.
Thul: Conejo.
Toncoz Ché: Espátula de madera para raspar el henequén.
Tucumbalam: Personaje zoomorfo de la mitología quiché, quien quebró,

magulló y molió los huesos de los hombres de madera, seres imperfectos.

Tunkul: Tambor.

Tupp Kak: Rito relacionado con el Tzolkin que se efectúa durante las celebraciones propiciatorias para la agricultura en el mes Keh.

Tzamá: Frijol.

Tzo: Pavos domésticos.

Tzolkin: Calendario ritual de 260 días.

Uah: Tortillas.

Uayeb: Ultimo mes del año compuesto por cinco días aciagos.

Uayeyaboob: Deidades patronas de los días aciagos.

Uech: Animal no identificado.

Uh: La luna.

Uo: Segundo mes del año.

Utiú: Coyote.

Uuc Chapac: Siete ciempiés escolopendra.

Uuc Stay: Deidad del inframundo, poseedor de siete fuerzas que lo hacen el más veloz de los dioses.

Xaman Ek: Deidad protectora de los viajeros y mercaderes (la Estrella Polar).

Xanab: Sandalias.

Xcá: Calabaza.

Xcolibul: Frijol.

Xecotcovach: Personaje zoomorfo de la mitología quiché, quien socava los ojos a los hombres de madera, seres imperfectos.

Xicul: Chaqueta sin mangas ornamentada con plumería.

Xoox: Tiburón.

Xul: Coa, vara con un extremo aguzado y endurecido al fuego.

Ya: Chicozapote.

Yá: Arbol chicozapote.

Yac: Gato montés.

Yahalcab: El alba.

Yaxum: Pájaro verde, mitológico.

Yich-kaan: Sacatinta, planta colorante.

Yum Kimil: Dios de la Muerte.

Yuntún: Hondas.

Za: Atole.

Zacatán: Tambor grande y cilíndrico, hecho en un tronco ahuecado con una sola abertura cubierta con piel .

Zac Imix Che: El Arbol Blanco del Norte.
Zec: Espíritus dueños de las colmenas.
Zip: Tercer mes del año.
Zipacná: Personaje de la mitología quiché, hijo de *Vucub-Caquix,* quien se decía hacedor de los montes y de la tierra. Fue vencido por *Hunahpú* e *Ixbalanqué.*
Zuhuyzipitzbai: Deidad protectora de los cazadores.
Zazhal ab: El alba.
Nombres de los números:
hun: uno.
ca: dos
ox: tres
can: cuatro
ho: cinco
uac: seis
uuc: siete
uacax: ocho
bolon: nueve
lahun: diez
buluc: once
lahca: doce
oxlahum: trece
canlahum: catorce
holahun: quince
uaclahun: dieciséis
uuclahun: diecisiete
uacaclahun: dieciocho
bolontahun: diecinueve
hunkal: veinte.
Nombres de periodos de tiempo:
kin: un día
uinal: 20 días
tun: 360 días
katun: 7,200 días
pictun: 2.880,000 días
calabtun: 57.600,000 días
kinchililtun: 01,152.000,000 días
alautun: 23,040.000,000 días

Nombre de los días en orden cronológico:
Ik, Akbal, Kan, Chicchan, Kimi, Manik, Lamat, Muluc, Oc, Chuen, Eb, Ben, Ix, Men, Kib, Caban, Eznab, Cauac, Ahau, Imix.
Nombre de los meses en orden cronológico:
Pop, Uo, Zip, Zotz, Tzec, Xul, Yaxkin, Mol, Chen, Yax, Zac, Keh, Mac, Kankin, Muan, Pax, Kayab, Cumhu, Uayeb.

Impreso en:
Programas Educativos, S.A. de C.V.
Calz. Chabacano No. 65 Local A
Col. Asturias 06850 - México, D.F.
1000 ejemplares, Enero, 1998
Empresa Certificada por el
Instituto Mexicano de Normalización
y Certificación A.C., bajo la Norma
ISO-9002: 1994/NMX-CC-004: 1995
con el Núm. de Registro RSC-048